専門税理士が限界ギリギリまで教える

“99%節税できて100%モメない”方法

相続のお金の残し方「裏」教科書

大田 貴広

Takahiro Ota

JN049145

KADOKAWA

もし、このようなことを考えているなら、読み進めてください。
ぬっ…
!?
・子供たちに争いを起こさせたくない
子
子
・家族の財産を守りたい
・1円でも節税したい
税
さて、本書を手に取っていただき、ありがとうございます。大田貴広といいます。
信頼と実績
相続専門の税理士を10年やっており、これまで、資産数千万円の庶民的な家庭から、百億円を超える資産家まで、多くの相続税申告や事業承継対策を担当してきました。
私の提案した相続税対策は、すべて税務署からの指摘を受けることなく成功し、多くの感謝の声をいただきました。

大田貴広が
お客様からいただいた声

H様

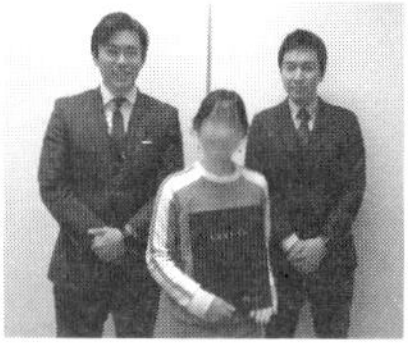

要所で
温かい言葉も
かけていただき、
血の通ったやりとり
にとても安心
できました

M様

相続税申告に
あたっての
不安を
解消することが
できました

S様

相続に特化
しているため、
こちらの不安を
素早く察して
もらいました

Y様

とても柔軟に
対応して
くださいました

M様

大変満足
しております

K様

親身になって
話を聞いて
くださいました

U様

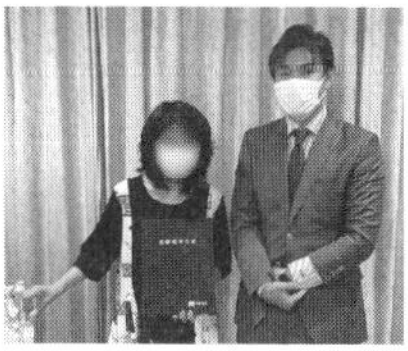

何ごとにも
丁寧に
対応して
いただきました

H様

先生方の
おかげで今は
すっきりとした
気分です

さて、相続を考えるタイミングは
いつがよいのでしょうか。
またきた
「相続のことはなるべく考えたくない」
という気持ち、わかります。
わかる
うんうん
「自分の死や、親の死を考えるのは
縁起でもない」
そう考えるのは普通のこと。
でも、私はなるべく早く、正面から
向き合ったほうがいいと思います。
相続のことを放置すると、このような
問題が起こることが多いからです。
・相続の争いで家族がばらばらになる
・大切な土地を手放すことになる
・多額の相続税を支払うことになる
・間違った対策をとり、税務署から
追徴課税を受ける

脅すようなことを言いましたが、
ご安心を。
ワタシニマカセロ
ちょっとした工夫や知識で、
これらの事態は回避できますから。
工夫
知識
専門家向けの難解な説明はできる限り避け、はじめての人でもわかるよう「徹底的に」かみ砕いて説明しています。
わかりやすい
本音
裏ワザ
基本からお得な裏技まで、教科書的な建前だけで終わらないよう、「本音」で書きました。

構成は次のとおり。
1、手残りの9割を決める4つの順番
2、遺産はどのように分けるのが基本か
3、生命保険や不動産で税金を大幅圧縮
4、生前贈与の基本とひねり技
5、極論、相続1日前でも使える節税法
6、税務調査の手口とその回避法を大暴露
7、別居、同居問わず可能な不動産節税とは
フムフム
2024年の「生前贈与」改正も踏まえて、第4章ではまるまる生前贈与について書きました。
ズイッ
ココヨンデゼッタイ
第4章
ハ…ハイ
「改正で、生前贈与の対策は意味がなくなった」と思っている方は、必ず読んでください。
「円満を前提にしつつ、ムダな税金は1円でも減るよう」
「幸せな家庭が1つでも続くよう、増えるよう」
本編
私のありったけの知識と想いを込めて、本編をスタート！

目次

第1章　手残りの9割を決める「4つの順番」

相続税対策は順番が命　16
まずは現状分析で納税額の概算を出そう！　18
早見表で相続税対策の基本的な考え方を押さえる　25
財産全体を把握したら、家族の意向をすり合わせよう　29
最も節税となる「遺産分け方法」を知る　31
不動産や生命保険の購入で評価額を引き下げる　34
110万円が正解とは限らない!?　生前贈与を最後にやるべき理由　38

第2章　遺産は「どのように分ける」のが基本か

遺言書どおりに遺産を分けると損する!?　42
親の自宅を80%オフでもらう裏技　44
住民票を移しておけば同居扱いになるのか!?　46
別居している家族でも80%オフ!?「家なき子特例」を押さえよう　50
親の土地に二世帯住宅を建てる際の落とし穴　52
配偶者に相続税はかからないが、二次相続の税金が大きく変わる!?　54
遺産は誰がどれくらいもらえる?　58
富裕層の相続争いは大きな負担を強いられる!　62
遺言書を作っておけば相続争いが起きないはウソ　67
相続争いを引き起こす原因3選　72
相続で揉めないようにする方法　77

特定の相続人に多くの財産を残す裏技 82
分割協議書を作成しないと起こるトラブル3選 87
●コラム　兄弟に親のお金を取り込まれてしまった場合の対応策 91

第3章　「生命保険や不動産」で税金を大幅圧縮

生命保険は最も簡単な節税対策 94
生命保険は受取人を配偶者にすると数百万円損をする 96
生命保険の受取人を孫にするのはNG 102
あまり知られていない生命保険を使った節税の裏技 107
不動産を購入するとなぜ節税となるのか 109
これまでの節税対策で人気だったタワマン節税とは？ 112

タワマン節税が改正！　不動産を使った相続税対策の今後 118
これからの節税対策の主流は小口不動産投資 122
小口不動産にもデメリットはある！　物件選びの2つのポイント 130

第4章 生前贈与の「基本とひねり技」

贈与税はいくらかかる？　基本的な贈与税の計算を押さえよう 138
合法的に贈与税がかからない裏技3選 141
生前贈与の適正額は人によって異なる 149
7年分の贈与が無効に!?　生前贈与の新ルールを押さえよう！ 158
生前贈与は孫を優先すると得！ 163
相続時精算課税制度に110万円の非課税枠が誕生！ 165
2024年以降のパターン別生前贈与方法のまとめ 172
かえって損をする贈与税の配偶者控除と住宅資金贈与 177

教育資金の一括贈与は得なケースが限られている 190
●コラム　国が考える生前贈与の行く末 192

第5章　極論、「相続1日前」でも使える節税法

相続直前でもできることはあります！ 196
養子縁組は即効性のある相続税対策 198
建物の評価を変えずに預貯金を減らすリフォーム 203
お墓や仏壇の購入は非課税財産になる 205
教育資金の一括贈与は相続の直前に行うこと 207
孫への生前贈与 208
110万円の生前贈与 209

第6章　税務調査の「手口とその回避法」を大暴露

5人に1人が調査対象!?　書面添付制度を活用しよう ―― 212
「相続税のおたずね」が来たら税務署にマークされている ―― 215
税務調査に選ばれやすい意外な家庭3選 ―― 226
税務調査の全容と調査手法の裏側を公開 ―― 231
なぜ、タンス預金は税務署にバレるのか!? ―― 242
税務署が最も狙っている名義預金 ―― 252
生前贈与が成立する二つの条件 ―― 255
名義預金がある場合はどうすればいいか ―― 265
税務調査でやってはいけないこと3選 ―― 271
●コラム　贈与税を払わなくても税務署にはバレない!? ―― 274

第7章　「別居、同居問わず可能」な不動産節税とは

親と別居している場合の実家売却はタイミングが命――278
相続後でも使える3000万円控除の裏技――285
条件に当てはまるなら実家は今すぐ売却しよう！――290
相続後でも土地評価が8割引きになる「家なき子特例」――294
相続後の売却で最も得するパターン――298
支払った相続税の一部を経費にする裏技――300

おわりに――「大増税時代」に備えた相続税対策を――302

※本書の内容は2024年3月現在の法令に基づいています。

装丁　井上新八
本文デザイン・DTP　キャップス
マンガ・イラスト　たなかのりこ
校正　加藤義廣（小柳商店）
編集協力　吉田桐子
編集　荒川三郎（KADOKAWA）

第1章
手残りの9割を決める「4つの順番」

相続税対策は順番が命

相続税対策は、次の4つを順番に実行することが大事です。

①現状分析
②遺産の分け方を決める
③不動産や生命保険の購入による評価額の引き下げ
④生前贈与

相続税対策は、この4つの順番を守らないとうまくいきません。まず押さえるべきところを押さえてから次のステップへ進まないと、落とし穴にはまる可能性があります。多くの方が、生前贈与や不動産購入という対策を提案されるままに実行します。実をいうと、その対策を鵜呑みにするのは大変危険です。

これまで実際に相続税申告を担当してきたお客様の中でも、後々になって「この対策はやらないほうが良かった」「かえって税金を数千万円損した」という方が一定数はいます。「マンションを買ったのはいいけれど納税資金がなくて相続税を支払えない」「子供のために生前贈与をコツコツ頑張ってきたけれど対策が無駄になった」といった話はめずらしくありません。確かにこれらの一つ一つの対策は間違ってはいませんが、その対策が果たしてあなたに合うかは分からないのです。

正しい対策をするためには、①現状分析、②遺産の分け方を決める、③不動産や生命保険の購入による評価額の引き下げ、④生前贈与を順に実行し、その**人ごとにカスタマイズする必要があります**。

巷にある相続税対策を見聞きしすぎて、何が正しいのか疑心暗鬼になっている方も多いでしょう。第1章では、3000人以上の相続のお悩みを解決してきた相続専門税理士である私が、正しい相続税対策の流れをお伝えします。

まずは現状分析で納税額の概算を出そう！

現状分析では、**「相続税がどれくらいかかるかを知り、納税資金の準備をすること」**が重要です。相続税の現状分析はよく健康診断に例えられます。相続税対策のための現状分析は現状の問題点を洗い出すという意味で、健康診断に近いと言えるでしょう。

現状分析もせずに、営業マンから不動産投資を提案されるのは、健康診断もしていないのに「ではひとまず脳を手術してみましょうか」といきなり医者から言われるようなものです。まず相続税の概算を知り、納税資金がどれくらい必要なのかが分かれば、手元にどれくらいお金を残しておけばいいかが分かるので、不必要な対策をせずに済むのです。

相続税がどれくらいかかるかを知り、納税資金の準備をするためには計算の流れを掴みましょう。相続税と聞くと「どれくらいかかるか不安だな」という怖いイメージを持たれるかもしれませんが、蓋を開けてみると「意外とこの程度か」と思うことも少なくありません。ここでは、遺産が1億円で配偶者と子供2人の家族を相続人に持つ方を例に、計算の流れを確認してみましょう。流れは5つのステップで見ていきます（図1）。

ステップ①

遺産から相続税の基礎控除を差し引きます

相続税の**基礎控除は、3000万円＋600万円×法定相続人の数**です。この家族の場合、配偶者と子供2人で相続人は3人なので3000万円＋600万円×3人で基礎控除は4800万円です。もし**遺産が基礎控除以下であれば相続税はかかりません**が、この家族の場合は遺産が1億円あり基礎控除の4800万円を上回るため相続税がかかります。1億円から4800万円を差し引くと5200万円です。この5200万円のことを課税遺産総額といいます。

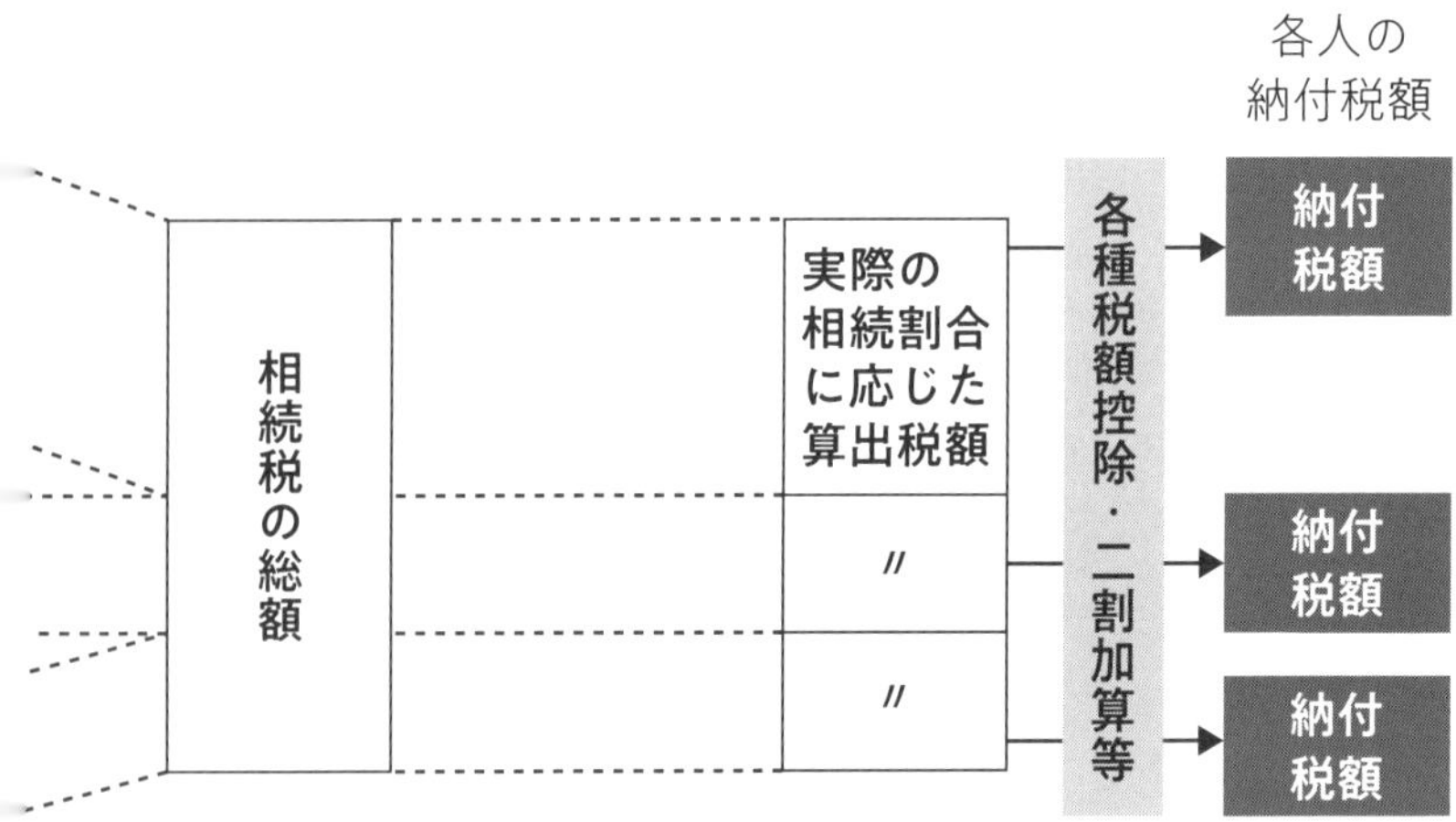

※基礎控除とは、**「亡くなった人が残した財産のうち、一定の金額までは相続税がかからない」**という無条件で適用できる控除のことで、左の算式で計算します。

・法定相続人の数は、相続の放棄をした人がいても、その放棄がなかったものとした場合の相続人の数をいいます。

・法定相続人のなかに養子がいる場合の法定相続人の数は、次の通りとなります（p.199 参照）。

(1) 被相続人（亡くなった方）に実子がいる場合は、養子のうち１人までを法定相続人に含めます。

(2) 被相続人に実子がいない場合は、養子のうち２人までを法定相続人に含めます。

▶図１　相続税の計算

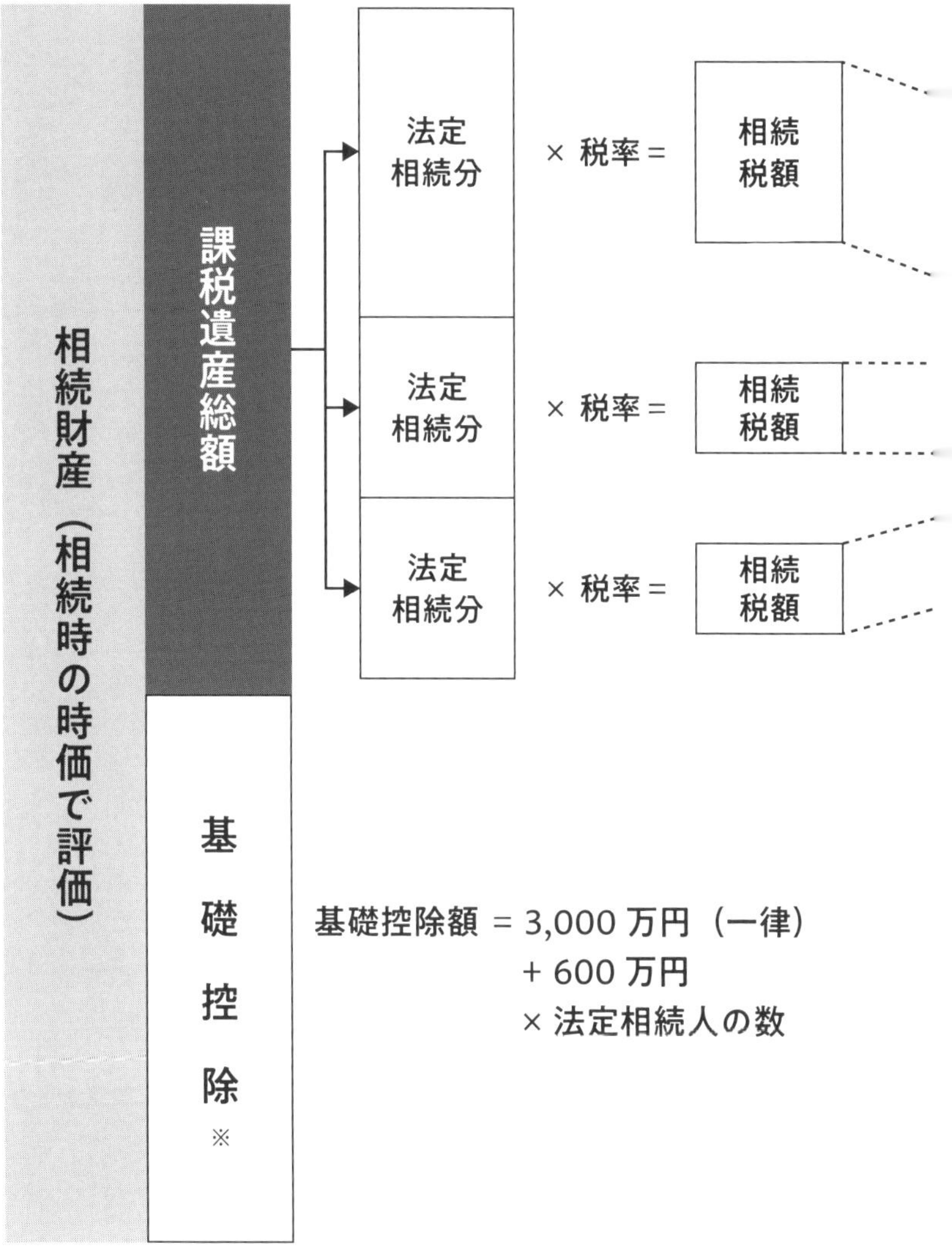
相続財産（相続時の時価で評価）
課税遺産総額
法定相続分
× 税率＝
相続税額
法定相続分
× 税率＝
相続税額
法定相続分
× 税率＝
相続税額
基礎控除※
基礎控除額＝3,000万円（一律）
＋600万円
×法定相続人の数

ステップ②

法定相続分で割り振る

次に、課税遺産総額を各相続人に法定相続分で割り振ります。いきなり相続税の税率を乗じるのではなく、5200万円を仮に法定相続分で相続したものとみなして金額を割り振るのです。**法定相続分は、配偶者が1／2、子供が1／4ずつ**です。よって5200万円は配偶者2600万円（5200万円×1／2）と、子供2人1300万円（5200万円×1／4）ずつに割り振られます。

ステップ③

税率表に基づき税額を計算し、相続税の総額を算定

次に、割り振られた金額に応じ相続税の税率を乗じます（図2）。配偶者は2600万円×15%－50万円で340万円、子供2人は1300万円×15%－50万円で145万円ずつとなり、これらを全て合計すると相続税の総額が630万円です。

▶図 2　相続税の速算表

法定相続分に応ずる取得金額	税率	控除額
1,000 万円以下	10%	—
3,000 万円以下	15%	50 万円
5,000 万円以下	20%	200 万円
1 億円以下	30%	700 万円
2 億円以下	40%	1,700 万円
3 億円以下	45%	2,700 万円
6 億円以下	50%	4,200 万円
6 億円超	55%	7,200 万円

相続税額＝法定相続分に応ずる取得金額×税率－控除額

ステップ④
実際に引き継いだ割合に応じて各人へ割り振る

家族全体の相続税が固まったので、次は実際に誰がいくら支払うのかを決めます。実際に遺産を引き継ぐ割合に応じて、630万円を割り振ります。仮にこの家族が法定相続分どおりに配偶者1／2、子供1／4ずつで遺産を引き継いだのであれば、配偶者は315万円（630万円×1／2）、子供2人は157・5万円（630万円×1／4）ずつ相続税を支払います。

ステップ⑤
各人の属性に応じて税額計算をする

配偶者や兄弟、また未成年者や障害者であるなど続柄や属性に応じて税額を加減算します。後ほど説明しますが、配偶者は「配偶者の税額軽減」という特例により最低でも1億6000万円までなら相続しても税金はかかりませんので、遺産1億円の場合の相続税は子供2人分を合わせた315万円（157・5万円×2人）となります。

早見表で相続税対策の基本的な考え方を押さえる

相続税の計算の流れが把握できたところで、実際に、ご自身や親御様が亡くなった際にどれくらいの相続税がかかるのかを見ていきましょう。

簡単に相続税を把握できるツールとして、相続税早見表（図3）を利用すると便利です。図を見ると分かる通り、相続税は遺産総額や相続人の数によって大きく変わります。

鋭い方は気づかれたかと思いますが、相続税は「遺産総額を減らす」もしくは「相続人の人数を増やす」ことによって減少します。**相続税対策は「遺産総額」「相続人の人数」の二つの項目を押さえておくと効果がある**のです。これが全ての対策に共通する基本的な考え方ですので頭に入れておきましょう。

▶図 3　相続税額早見表　(単位：万円)

遺産総額＼相続人	配偶者のいるケース			配偶者のいないケース		
	子供1人	子供2人	子供3人	子供1人	子供2人	子供3人
10,000	385 (0)	315 (0)	263 (0)	1,220	770	630
15,000	920 (0)	748 (0)	665 (0)	2,860	1,840	1,440
20,000	1,670 (668)	1,350 (540)	1,218 (487)	4,860	3,340	2,460
25,000	2,460 (1,771)	1,985 (1,429)	1,800 (1,296)	6,930	4,920	3,960
30,000	3,460 (3,229)	2,860 (2,669)	2,540 (2,371)	9,180	6,920	5,460
35,000	4,460	3,735	3,290	11,500	8,920	6,980
40,000	5,460	4,610	4,155	14,000	10,920	8,980
45,000	6,480	5,493	5,030	16,500	12,960	10,980
50,000	7,605	6,555	5,963	19,000	15,210	12,980
60,000	9,855	8,680	7,838	24,000	19,710	16,980
70,000	12,250	10,870	9,885	29,320	24,500	21,240
80,000	14,750	13,120	12,135	34,820	29,500	25,740
90,000	17,250	15,435	14,385	40,320	34,500	30,240
100,000	19,750	17,810	16,635	45,820	39,500	35,000

※配偶者のいるケースでは配偶者が法定相続分の 1/2 を相続したときの税額。(　)は配偶者が 16,000 万円まで相続したケース。

遺産総額を減らすには、

①特例をうまく活用する
②生命保険の非課税枠を活用する
③不動産購入を検討する
④生前贈与をして財産を減らしていく

などが王道です。

相続人の人数を増やすには、養子縁組をするなどがあります。 例えば遺産1億円で相続人が子供1人の場合、相続税は1220万円です。この家族が仮に養子縁組をして相続人を子供2人にすると、相続税は770万円まで下がり、450万円も節税効果がありま

す。

さらに生命保険に1000万円加入し、**生命保険の非課税枠1000万円（500万円×法定相続人の数）を活用する**ことで相続税は620万円に下がりますので、当初の1220万円の約半分に抑えることができます。

このように生前から相続税に向き合っておくと、ちょっとした工夫で格段に効果が出ることもあるのです。

財産全体を把握したら、家族の意向をすり合わせよう

相続税の現状分析では、「相続税がどれくらいかかるかを知り、納税資金が足りるかを見ればいい」と思っている方も多いです。ですが、これよりも重要なのは、**「ご家族間の意向のすり合わせをしておくこと」**です。

すり合わせとは、**財産を残す親の意向と財産をもらう子供の意向を、生前の段階でお互い把握する**ことです。ようするに家族同士でミスマッチを起こさないようにすることが重要です。

例えば、お父さんの気持ちとしては「この不動産をもらってほしい」と思っていても、娘からすると「不動産は使わないのでもらっても困るなあ。どちらかというとお金が欲しいわ」と思っているかもしれません。

また仮に「全財産を長男に残したい」と思っていたとしても、他の兄弟からすると「いやいや私にももらう権利あるからもっと欲しいよ！　もらえないのだったら弁護士立てて訴えてやる」といった感じで、事前にお互いの気持ちをすり合わせしなかったことでミスマッチが起きて、家族の仲が悪化してしまうかもしれません。

よって現状分析では、家族それぞれの意向をすり合わせし、後々争いにならないように対策をしておくことが重要です。典型的な争いが起きるパターンなどは第2章で詳しく解説します。

最も節税となる「遺産分け方法」を知る

現状分析が終わったら、最も節税となるように遺産分けを決めます。実務上「父が残してくれた遺言書を破棄して、遺産分けは家族で話し合って決める」ということがよく行われます。

「せっかくお父さんが残した遺言書を無視するなんてけしからん」と思うかもしれませんが、これには理由があります。それは遺言書どおり進めると相続税が高くなるからです。相続税を決めるにあたって、遺産分けはとても重要です。相続税を左右する遺産分けのポイントは大きく二つです。

①自宅を誰が相続するか

②配偶者が財産をどれくらい相続するか

順に解説します。

①自宅を誰が相続するか

自宅を誰が相続するかによって相続税は大きく変わります。相続税には**「亡くなった方の自宅の敷地を配偶者か同居している家族が引き継ぐと、土地の評価が80%オフになる」という小規模宅地の特例**があります。

例えば自宅の土地の評価が5000万円だった場合、80%オフの1000万円まで評価が下がります。こうなると税率が30%の場合は、税負担が1200万円も変わります。自宅を誰が引き継ぐかで相続税が数百万円〜数千万円動く可能性があるのです。小規模宅地の特例は奥が深いため、詳細はまた第2章で解説します。

②配偶者が財産をどれくらい相続するか

配偶者にいくら相続してもらうかによって、相続税は大きく変わります。相続税には、**「夫婦間の相続であれば最低でも1億6000万円までは無税で相続できる」**、**配偶者の税額軽減という特例**があります。これによって基本的に配偶者であれば相続税がかかりません。

そうであれば「財産を配偶者へ多く相続させたらいい」と思うかもしれませんが、実はこれが落とし穴です。**配偶者へ多く財産を相続させると、結果的に将来多くの相続税を支払うはめになります。**理由は、将来配偶者が亡くなるいわゆる二次相続の際に多額の相続税がかかるためです。

先に亡くなる方の相続を一次相続、次にその配偶者が亡くなることによる相続を二次相続といいます。**配偶者の税額軽減はあくまで一次相続の際に配偶者に税金をかけないだけであって、二次相続はその反動で相続税が多くかかるというデメリットがある**のです。よって相続税対策は、一次相続と二次相続を総合的に考える必要があるのです。

不動産や生命保険の購入で評価額を引き下げる

遺産分けが決まったら次に相続税評価額の引き下げの対策を検討します。評価の引き下げとは、相続税評価額そのものを引き下げる対策です。代表的な引き下げ方法は次の二つです。

①不動産購入

不動産購入は、相続税評価額の引き下げに有効です。あらゆる相続税対策の中でも不動産を使った対策が最も効果が高いです。なぜ不動産を購入すると節税できるかというと、**不動産が取り引きされる時価と相続税評価額に大きな差があるため**です。

具体的にどれくらい変わるかを土地1億円、家屋1億円の例で説明します。相続税計算上、土地は「路線価」、建物は「固定資産税評価額」で評価します。時価と比べ、路線価は80／100、固定資産税評価額は70／100ほどで評価されますので、土地が8000万円、家屋が7000万円となり、不動産を購入したことによって、預金として保有しているよりも、5000万円も評価額が下がります。物件を賃貸している場合には、ここからさらに約20～30％も評価が下がります。

ただし私個人としては、不動産を使った対策には消極的です。なぜなら**不動産は不確定要素が多くリスクが高い**からです。リスクには二つあり、まず、1．**将来的に買った値段と同じ値段で売れなければ損をしてしまうという「価格変動リスク」**。次に、2．**借りる人がいなくなってしまう「空室リスク」**があります。2．の場合は、不動産経営を始めるということですので、やるのであればそれ相応の知識と経験が必要になります。

相続税の節税効果以上に損をしてしまっては元も子もありません。これまで不動産経営の経験があり、目利きができれば別ですが、初心者の方にはあまりおすすめできません。

初心者の方の場合は、プロの不動産経営に相乗りができる「小口不動産投資」をおすすめしています。ただしこちらもそれなりの物件に対する目利きが必要になりますので、私の場合、お客様へは必ず不動産鑑定士など第三者に選定してもらった物件のみをご提案するようにしています。小口不動産投資は他にも魅力的なポイントが多いので第3章で詳しく説明します。

②生命保険の加入

生命保険を活用することで、数百万円の節税をすることもできます。**生命保険には500万円×法定相続人の数の非課税枠があり、受取人が相続人であれば使えます。**

例えば母と子供2人の家族の場合はお父さんが亡くなると、相続人は3人なので1500万円（500万円×3人）までは、相続税がかかりません。もし税率が30％であれば450万円も相続税が節税できます。

生命保険の対策を実行する際は、生活資金の余剰をきちんと確保しておきましょう。手元の生活資金を崩してまで対策することはおすすめしませんが、しばらく手を付けないお金であれば定期預金として寝かせておくよりも、生命保険に資産を組み替えたほうが効率的と言えます。この対策のいいところは生命保険に加入するだけで数百万円節税できる点です。最も簡単にできる対策ですので、やらない手はないです。

１１０万円が正解とは限らない!? 生前贈与を最後にやるべき理由

ここまで相続税対策の順番のうち、①現状分析、②遺産の分け方を決める、③相続税評価額の引き下げについて説明してきました。

４つ目にやるべき対策は生前贈与です。**相続税対策と聞くと、生前贈与が真っ先に思い浮かびますが、実は最後にやるべきです。その理由は「適正な生前贈与額を決めるため」**です。

生前贈与をいくらでやったらいいかと聞かれたら「１１０万円でやりましょう」という提案が一般的です。１１０万円とは贈与税の基礎控除の額で、この金額を超えなければ贈与税がかからないので、おすすめされやすいのです。

ですが、**相続税がかかる方にとって１１０万円の生前贈与は、実は正解ではありま**

せん。人によっては贈与税を払ってでも、310万円や510万円といった110万円を超える生前贈与を行ったほうが、節税になる方もいます。

110万円で贈与をするのが当たり前になっていますが、これは単に贈与税がかからないというだけで他に合理的な理由はありませんので、相続税対策として生前贈与をするのであれば、その方にあった生前贈与額を把握し、実行することが重要です。

そのためには、①現状分析、②遺産の分け方を決める、③相続税評価額の引き下げの対策を検討した上で、相続税の税率が何%になるかを把握しなければなりません。税率を把握することで、ようやく4つ目の生前贈与を行えるのです。

生前贈与の具体的なやり方や、2024年から始まった税制を踏まえた新戦略などは第4章で詳しく解説します。

第2章

遺産は「どのように分ける」のが基本か

遺言書どおりに遺産を分けると損する!?

私がこれまで担当してきたお客様の中には、親から遺言書を残してもらっていても、その通りに遺産を分けない方も一定数いらっしゃいます。「えっ？　遺言書どおり遺産分けしなくていいの？」と思われたかもしれませんが、実は、**相続人および遺言書で財産をもらうことになっている人全員の同意があれば、遺言書の内容とは別の分け方にすることも可能**です。

別の分け方にする場合、**相続人全員の遺産分割協議が必要**です。故人の遺産を引き継ぐ方法は、遺言書と遺産分割協議の大きく二つの方法があります。相続人全員が納得すれば、遺産分割協議によって遺言以外の分け方を採用することもできるのです。

ではなぜ遺言書どおりに遺産分けを行わないのでしょうか。それは遺言書どおり進めると相続税が高くなるからです。

相続税は遺産分けのやり方次第で、何千万円と変わる税金です。節税となる遺産分けの方法を知っておかないと、払わなくて良かった税金まで支払うことになるかもしれません。相続税の計算上、遺産分けをどうするかは非常に重要ですので、これ以降で詳しく解説していきます。

親の自宅を80％オフでもらう裏技

自宅は配偶者か同居している家族が相続すると相続税が大きく軽減されます。相続税には**「亡くなった方の自宅の土地を配偶者か同居している家族が引き継ぐと、土地の評価が80％オフになる」小規模宅地の特例**というものがあります。

例えば自宅の土地の評価が５０００万円の場合、80％オフで１０００万円まで評価が下がります。４０００万円も評価が下がりますので、税率が30％の場合は１２００万円も節税できます。よって自宅を誰が相続するか迷ったら、まずは配偶者か同居している家族を優先的に候補にすることで節税できるのです（図4）。限度面積は、３３０平方メートル（１００坪）です。３３０平方メートルを超えている場合でも、３３０平方メートルまでは80％オフとなり、超えた部分は通常通りの評価となります。

▶図4　小規模宅地等の特例

亡くなった方が相続開始直前まで、
自宅として使用していた土地については、
一定の条件を満たした場合、
330㎡まで80%の評価減が認められます。

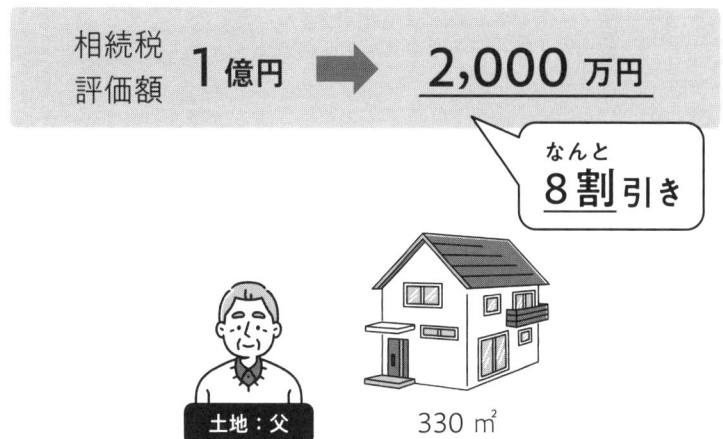

相続税評価額　1億円 ➡ 2,000万円

なんと
8割引き

限度面積330㎡（100坪）
※330㎡を超えている土地も、330㎡までは8割引きされます。

特例が受けられる人

1 配偶者
2 同居親族
3 別居親族（3年以上借家暮らし）

住民票を移しておけば同居扱いになるのか!?

小規模宅地の特例によって相続税は1000万円以上変わることもあります。すると「実際に同居していなくても、住民票だけ両親と一緒にしておけば認められますか?」と質問をされることがよくあります。結論から言うと、これはNGです。**住民票のみ一緒でも、それは見せかけの同居にすぎませんので、特例を使うことはできません。**

また、こう言うと「税務署が見せかけの同居かどうか分かるのですか?」という質問をされます。税務署が調べようと思ったら最後は、**近隣住民への聞き込み調査まで徹底的にやりますので、油断は禁物です。**実態として同居かどうかを見定めるにあたり税務署は次の項目を見て総合的に判断します。

・住民票
・郵便物（公共料金の領収書、民間企業からの請求書など）
・勤務先からの通勤手当の受給状況、会社への届け出住所
・通勤・通学定期
・子供の学校（公立の場合、近所の学校に通っていないとおかしい）
・相続人の通帳（住宅ローンや家賃の支払いがあるか、どこのＡＴＭを使っているか）
・大型家具の搬入日
・水道光熱費の使用量が通常どおりか
・近隣住民への聞き込み（実際に住んでいたかどうか）

税務署はこれらを確認して総合的に判断しますので、住民票を親と一緒にしておくだけの見せかけの同居では、一発でバレてしまいます。

それでは、親の介護のために実際に亡くなる直前まで同居していた場合はどうで

しょうか。結論は、ケースバイケースです。**小規模宅地の特例には、相続後に10か月間は住まなければならないという条件があります**（配偶者が相続する場合、この制限はありません）。親の介護のためだけに同居していた場合は、親が亡くなったら実家に住み続ける理由がありませんので、相続後に10か月間は住まなければならないという要件を満たせません。仮に10か月間実際に住んだとしても、小規模宅地の特例を使うために住んでいたのであって、10か月経過後も引き続き住まないのであれば税務署から認められない可能性が高いのです。

この特例は、相続税を払うために自宅を売却して、住む所がなくならずに済むように作られた優遇措置であるため、元から家を持っている相続人は使えません。

親の介護のために同居していた相続人がこの特例を使うためには、元々住んでいた物件を手放すか、もしくは賃貸に出しましょう。このいずれかをやっておけば、親の実家が主たる住居である証拠となりますので、小規模宅地の特例を使える可能性が高くなります。

この特例は、相続後に10か月間は住まなければならないという条件はありますが、実は、相続前に同居する期間には制限がありません。極論を言うと、法律上は亡くなる前日でも同居していれば特例を適用できるということになります。

実際に私が過去に申告したお客様で、亡くなる直前の2か月間同居していただけで、小規模宅地の特例が認められたケースがあります。その方は実際に同居していましたので、住民票も変更していましたが、これだけだと決め手に欠けます。このお客様の場合、決め手は引っ越し業者からの領収書によって大型家具の搬入日が分かったことです。生前の同居の実態が証明できたことで、無事に特例を使って数百万円節税できました。

別居している家族でも80％オフ!?「家なき子特例」を押さえよう

小規模宅地の特例は、基本は配偶者か同居親族が相続することを前提としていますが、実は、**賃貸暮らしを3年以上続けている家族が相続した場合も特例を受けられます。**

先ほど説明した通りこの特例は、相続税を払うために自宅を売却して、住む所がなくならずに済むように作られた優遇措置のため、持ち家がない家族の場合にも同様の取り扱いとなっています。このように小規模宅地の特例を別居親族が使えることを、俗に「家なき子特例」などと呼ぶことがあります。

ただし、**家なき子特例は、配偶者か同居している家族が他にいない場合に初めて使えます。**配偶者がいないということは、いわゆる二次相続の際にしか使えないということになります。よって二次相続において、実家を離れた子供の中で賃貸暮らしを3年以上続けている家族がいた場合、その方が家なき子特例を利用して、自宅を相続すると相続税が大きく軽減されます。

ここでいう賃貸暮らしは、第三者の家主から家を借りている場合に限られ、**一定の親族が所有している物件を借りている場合は当てはまりません**のでご注意ください。

また家なき子特例の場合も、相続後10か月間は所有していなければ使えません。よく「親の実家に引っ越して住まなければいけませんか」と聞かれることがありますが、結論としては、引っ越しをしなくても問題ありません。家なき子特例は別居が前提ですので、10か月間所有さえしていれば、住まなくてもいいのです。

親の土地に二世帯住宅を建てる際の落とし穴

親の土地に親子で二世帯住宅を建てる場合は、小規模宅地の特例が十分に使えない可能性があります。「親子で同居すれば小規模宅地の特例が使えるから相続税は安心だ」と思われている方は要注意です。

二世帯住宅で、特例が使えないのは「家屋を区分登記」している場合です。区分登記とはマンションやアパートのように、部屋や階ごとに登記をすることをいいます。例えば、**親が暮らす1階と子供家族が暮らす2階を別の家屋としてそれぞれ登記する場合などが該当します。**

このように家屋を別々で区分登記している場合には、子供が同居親族として小規模宅地の特例を使うことはできません。なぜなら**区分登記の場合は、税法上同居してい**

▶図５　二世帯住宅に小規模宅地の特例を適用するには

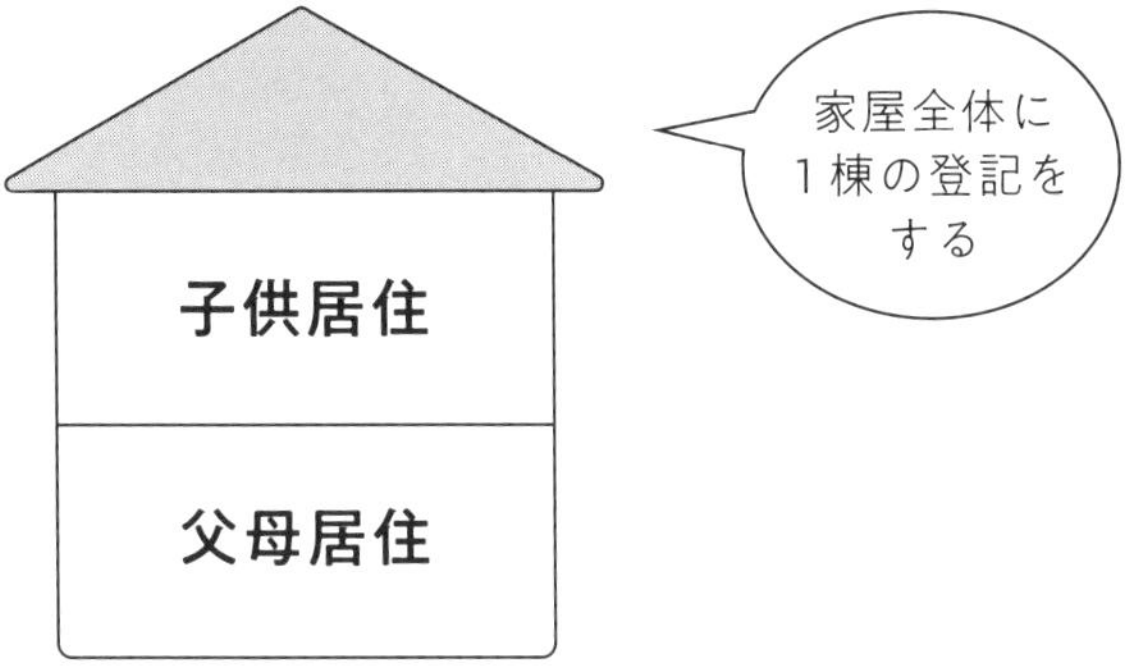

一つ屋根の下なら**同居とみなされる**
(区分所有登記されているものを除く)

ないと考えるからです。二世帯住宅を区分登記していると、税法上はアパートの101号室と303号室と同じように別々で暮らしていると考えるのです。

二世帯住宅で特例を適用するためには、「家屋全体に1棟の登記」をする必要があります。この場合は、一つの家屋で親子が同居している扱いとなり小規模宅地の特例を適用できます。よって家を建てる際は、小規模宅地の特例が使えるかも念頭に置きましょう。もし既に**区分登記をしている家屋の場合でも、条件が揃えば、合併登記によって一つの家屋とすることによって小規模宅地の特例が使えます。**

配偶者に相続税はかからないが、二次相続の税金が大きく変わる!?

相続税には**「夫婦間の相続であれば最低1億6000万円（もしくは全財産の半分）まで無税で相続できる」配偶者の税額軽減という特例があります。**この特例によって基本的に配偶者には相続税がかかりません（図6）。

これを聞くと、「多くの財産を配偶者に相続させれば節税できる」と思われるかもしれません。ですが、実はこれが大きな落とし穴です。

多くの財産を配偶者へ相続させると、将来的に高額な相続税を支払うはめになります。理由は、配偶者が亡くなるいわゆる**二次相続の際に多額の相続税がかかる**ためです。先に亡くなる方の相続を一次相続、次にその配偶者が亡くなることを二次相続といいます。配偶者の税額軽減はあくまで一次相続の際に配偶者に税金をかけないため

▶図 6　配偶者の税額軽減とは

亡くなった方の配偶者が相続した遺産額が、
<u>**次の金額のどちらか多い金額まで**</u>は、
配偶者に相続税はかからないという制度。

①1億 6,000 万円

配偶者の法定相続分

1億 6,000 万円 ＞ 2億円 ×1/2 ＝1億円

財産が 2 億円ある人が亡くなった場合には、
配偶者は 1 億 6,000 万円まで相続税が課税されない

② 配偶者の法定相続分

配偶者の法定相続分

1億 6,000 万円 ＜ 4 億円 ×1/2 ＝2 億円

財産が 4 億円ある人が亡くなった場合には、
配偶者は 2 億円まで相続税が課税されない

▶ つまり、夫婦の間における相続については、
最低でも**1億 6,000 万円まで相続税が課税されない**

の特例であって、二次相続ではその反動で相続税が多くかかるというデメリットがあるのです。

一般的に相続税は、一次相続よりも二次相続のときのほうが高くなりやすいです。なぜなら、二次相続のときは配偶者がいないため、相続人の数が1人減るからです。第1章でも説明しましたが、相続人の数が減ると相続税の税率に大きなインパクトを与えます。

同じ遺産1億円だったとしても、相続人が2人の場合は15％だった税率が、相続人1人の場合は30％と、なんと倍になってしまうのです。

またこの他にも配偶者が元々持っていた財産がある場合は、相続税が上がりやすいです。配偶者が相続する財産に加え、元々持っている財産が加わることにより一次相続よりもさらに遺産が増えて、相続税に大きなインパクトを与えることになります。

よって**相続税対策は、一次相続と二次相続を総合的に考える必要があります。**ご家族ごとに配偶者が遺産全体のうち財産をどのくらい相続すると相続税が最も得になるかといった最適解があります。一次相続で遺産分けを考える際は、配偶者にどのくらい財産を相続させるかを検討することが重要です。

さらに応用編としては、配偶者が相続税対策に前向きな場合はあえて多めの財産を相続するという方法もあります。配偶者が多く財産を相続すると二次相続の際の相続税が増えるので、一見よくありません。

ですが配偶者の年齢が若く相続税対策ができる期間を長く取れる場合や、相続税対策を行うことに前向きである場合は、配偶者が多く財産を相続することで、配偶者の特例によって一次相続の相続税を下げられます。そのうえで、配偶者が二次相続対策にしっかりと取り組めば、二次相続の相続税も抑えられますので、結果的に最も節税できることになります。

また、税金のことを考えた最適解と、家族全体の気持ちを考えた最適解は異なることもあります。なかには節税のことを考えると「配偶者が1円も相続しない」ほうが最適というケースもあります。ですがこれは配偶者にとっては「老後の生活資金が足りるか不安」ということになりかねません。そういった場合も想定して、節税のことを第一に考えるのではなく、家族全体の気持ちに寄り添った形で遺産分割をされることをおすすめします。

遺産は誰がどれくらいもらえる？

人が亡くなると、相続人が財産を引き継ぐことが一般的です。では、誰が相続人となり、相続人はどれくらいの遺産をもらえるのでしょうか。このパートでは、民法で定める遺産分けの基本について解説します（図7）。

相続人は、配偶者と子供が基本と覚えましょう。遺産のうち、**配偶者は1／2、子供も1／2もらう権利があります。**子供が複数人いる場合は、1／2の権利を子供の数で頭割りします。子供の数が2人であれば1／4ずつ、3人であれば1／6ずつとなります。

この権利を、**（法定）相続分**と呼びます。相続分は民法で定められていて、相続税の計算も基本的に民法のルールにのっとり行います。

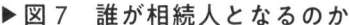

▶図7　誰が相続人となるのか

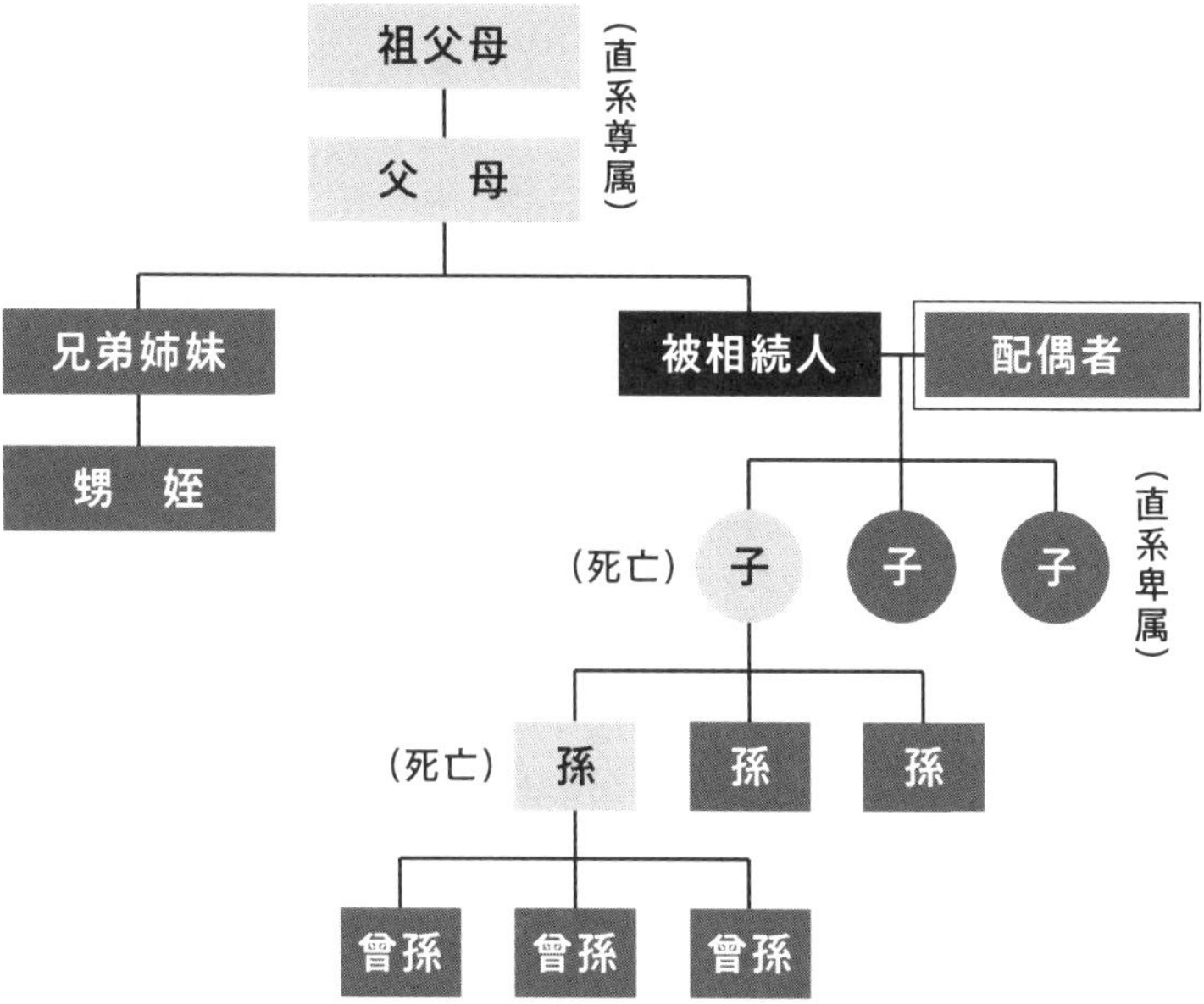

1　被相続人に子がいるときは…　相続人は子と配偶者

2　被相続人に子がいないときは…　相続人は父母と配偶者

3　被相続人に子も父母もいないときは…　相続人は兄弟姉妹と配偶者

4　被相続人に子、父母、兄弟姉妹もいないときは…　相続人は配偶者

相続人は配偶者と子供が基本ですが、子供がいない場合はどうなるでしょうか。相続人には順位があり、子供がいない場合は次に親が相続人に、親もいない場合は兄弟姉妹が相続人になります。子供がおらず親が相続人になる場合、相続分は、配偶者2／3、父母は1／3です。また親がおらず兄弟姉妹が相続人になる場合は、配偶者3／4、兄弟姉妹1／4が相続分になります（図8）。

またこれらの相続人が先に亡くなっている場合はどうなるでしょうか。その場合は、亡くなっている家族の子供が相続人となります。このことを、**代襲相続**と呼びます。例えば、子供が亡くなっている場合は、さらにその下の孫が相続人になります。孫の相続分は、子供の相続分を頭割りして計算します。図9の場合、孫A、孫Bそれぞれの相続分は、子供相続分1／6÷孫の数2人で1／12となります。兄弟姉妹も同様で、もし先に亡くなっていたら、その子供である甥姪が相続人となります。

▶図８　どれくらい遺産をもらえるのか

	法定分	
1 子がいるとき	配偶者 $\frac{1}{2}$ 子 $\frac{1}{2}$	（子が２人以上のときは$\frac{1}{2}$を人数で等分）
2 子がいないとき	配偶者 $\frac{2}{3}$ 父母 $\frac{1}{3}$	（父母は$\frac{1}{3}$を人数で等分）
3 子、父母がいないとき	配偶者 $\frac{3}{4}$ 兄弟姉妹 $\frac{1}{4}$	（兄弟姉妹は$\frac{1}{4}$を人数で等分）

▶図９　代襲相続の例

配偶者と子３人のうち１人死亡（その子２人）

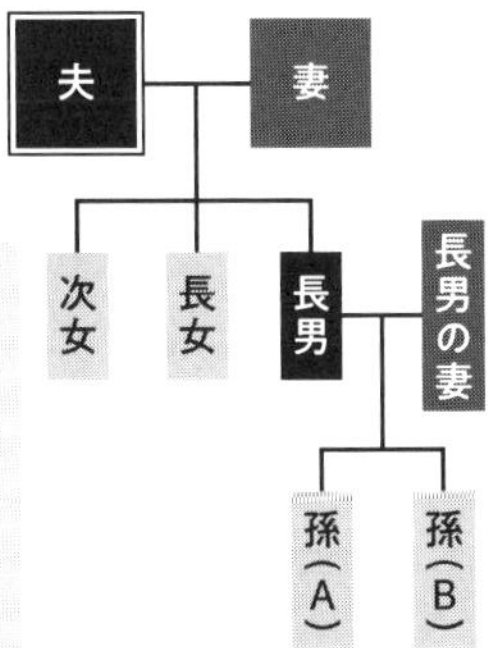

遺産３億円の場合の相続額

●妻　$\frac{1}{2}(\frac{6}{12})\times 3$ 億円＝1億5,000万円

●長女　$\frac{1}{2}\times\frac{1}{3}\rightarrow\frac{1}{6}(\frac{2}{12})\times 3$ 億円＝5,000万円

●次女　$\frac{1}{2}\times\frac{1}{3}\rightarrow\frac{1}{6}(\frac{2}{12})\times 3$ 億円＝5,000万円

●孫（A）　$\frac{1}{2}\times\frac{1}{3}\times\frac{1}{2}\rightarrow\frac{1}{12}\times 3$ 億円＝2,500万円

●孫（B）　$\frac{1}{2}\times\frac{1}{3}\times\frac{1}{2}\rightarrow\frac{1}{12}\times 3$ 億円＝2,500万円

富裕層の相続争いは大きな負担を強いられる！

相続をめぐるトラブルは様々ありますが、その中でも相続人同士の争いになってしまういわゆる「争続（そうぞく）」や間違った相続対策をしているケースが増えてきています。

特に「うちの兄弟は仲がいいから大丈夫」と考えている方ほど危ないのです。というのも、相続問題というのは兄弟だけでなく、その配偶者や子供まで登場してくる話です。たとえ兄弟の仲が良くても、その周りにいる家族が「もらえるものはもらっておきなさいよ」と言ってくることで、トラブルに発展することもあります。そこで相続争いになるとどのようなリスクがあるかをご紹介していきたいと思います。

みなさんは、「相続争いになったら一家の仲が悪くなって確かに大変だよね」「でもお金持ちだから何とかなるよね」といった、ふんわりしたイメージしか持っていないかもしれません。確かに一家が散り散りになることも十分悲しいですが、相続税が発生するような富裕層の相続争いの場合は、次の三つの大きな負担を想定しておかなければなりません。

①相続税の各種特例を適用できない

相続争いがあると、「小規模宅地の特例」や「配偶者の税額軽減」といった相続税の各種特例を適用することができません。正確には、**亡くなってから10か月以内（相続税の申告期限）に亡くなった方の財産を誰が引き継ぐか決まらない場合、当初の申告においては適用できない**のです。

小規模宅地の特例は、「自宅を配偶者か同居している家族が引き継ぐと、自宅土地の評価を80％引きする」というものです。仮に1億円の自宅を持っていた方が亡くなった場合には、評価額は80％引きの2000万円ということになります。相続税の税率が、30％や40％などの富裕層であれば、約2000万円～3000万円（割引額8000万円×税率）の税金が変わる話ですので、その影響は計り知れません。

また配偶者の税額軽減は、「配偶者であれば、1億6000万円もしくは全財産の半分まで相続しても相続税がかかりませんよ」という特例です。イメージとして、配偶者が相続する財産には税金がかからなくなる特例ですので、使えないと家族全体の相続税が倍以上になってしまいます。

②亡くなってから10か月以内に自腹で納税をする必要がある

相続争いがあっても、税務署は納税を待ってくれません。他の納税者と同様、**亡くなってから10か月以内に相続税申告と納税を済ませる必要があります。**先に説明した通り、財産を誰が引き継ぐか決まっていないケースだと、特例を適用できず高い相続税を支払わなければなりません。

さらに極めつけは、相続税のための**納税資金を、自分で用意しなければならない**のです。「まあ相続税は親の財産から、払えるから大丈夫だよね」と高を括ることはできないのです。

通常の円満な相続であれば、亡くなってから10か月以内に相続人間で話がまとまり、預金の解約を行ってそれぞれの口座へ亡くなった方の金融資産が入ってきます。ですが相続争いが起きている場合、遺産は宙に浮いた状態になるため、解約しておろすということができないのです（最高150万円まであればおろすことは可能です）。

③申請用紙1枚提出しないだけで、税金が数千万円変わるリスクを負うことに

相続争いがある場合は、小規模宅地の特例などの各種特例を適用できません。ただし特例を全く受けられなくなるわけではなく、所定の手続きを踏めば受けられます。ですが、この手続きが煩雑で非常に見落としやすい論点が多くあるため、細心の注意を払う必要があります。

手順は、大きく次のような流れです（図10）。

1. 亡くなってから10か月以内に「申告期限後3年以内の分割見込書」を提出する
2. 分け方が決まったら一定の期限内に申告書をもう一度提出する
3. 亡くなってから3年10か月経っても分け方が決まらない場合には、亡くなってから3年10か月～4年経過するまでに、「遺産が未分割であることについてやむを得ない事由がある旨の承認申請書」を提出する（この後分け方が決まった

▶図10　相続争いがあるときの手続き

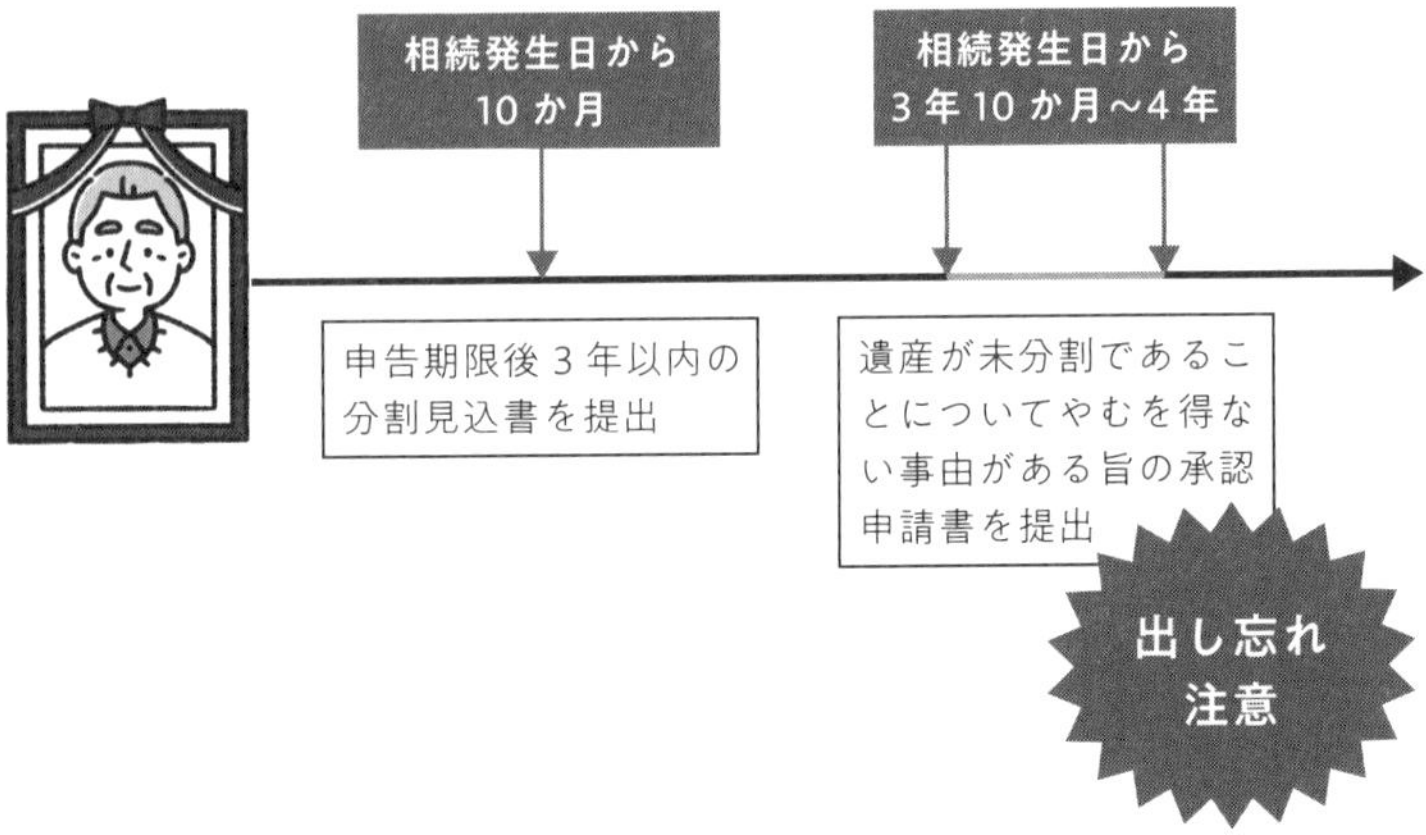

場合は、2．と同じ手続きを踏むことになります）

これらの手続きは非常に煩雑です。特に納税者と税理士、弁護士と税理士との間で連携ミスが起こることもよくあります。一般的に税理士は亡くなってから10か月以内に相続税申告書を提出したのであれば、そこで一度業務は完了となりますので、その後分け方が決まったかどうかをフォローすることが難しいのです。よって納税者自身がこれらのリスクをあらかじめ理解しておく必要があります。

遺言書を作っておけば相続争いが起きないはウソ

相続争いを未然に防ぐためには、遺言書を作成しておくことは重要です。ですが、効果のある遺言書を作成するにはそれ相応の労力が必要となります。遺言書を作成するためには、税金面・法律面あらゆる角度から検証し、すり合わせをした上でようやく正しいものが完成するのです。

不完全な遺言書を作成するとかえってトラブルのもとになるケースもあります。

その中でも遺言書を直筆で本人が書く、いわゆる「自筆証書遺言」がトラブルのもとになることが多いです。ドラマでもよく出てくるような、一般の方がイメージする遺言書というのはまさにこれにあたります。では、なぜ自筆証書遺言がトラブルのもとになりやすいのでしょうか。理由は三つです。

1．無効になる可能性が高い

自筆証書遺言は、無効になる可能性が高いです。なぜなら自筆証書遺言は、誰でも作成できる可能性があるからです。

同居している家族が、親になりかわって勝手に遺言書を書くこともできますので、他の家族からこのような疑いをかけられてトラブルに発展することになります。このような「遺言書無効の訴え」は実務上よくありますが、自筆証書遺言はその引き金となることが多いので注意が必要です。

また無効になる理由の一つに、**認知症の疑いをかけられやすい**という点もあります。遺言書作成時にきちんと意思能力があったかどうかを疑われます。自筆証書遺言には、このような無効となるリスクがあります。

2．紛失する可能性がある

自筆証書遺言は、書いた本人が管理するものですので、紛失や相続人が見つけられないという可能性があります。仮に「お父さんは亡くなる前にこういう分け方の遺言書を残しているはずだからその通りにしましょう！」と言っても遺言書がなければどうすることもできないのです。

3．形式基準や表現の不備で無効になる

自筆証書遺言は、以下のようにいくつもの形式基準があります。

・財産目録を除き全文自署で記載
・作成年月日を自署で記載
・氏名を自署で記載
・押印（認印でも可）

これらの形式基準を満たしていないものは、遺言書としての効力を持たないものとなってしまいます。形式基準は厳しく、作成年月日を「○○年○月吉日」と記載した遺言書が無効になった例などもあります。

また、遺言書の記述が不明確な場合、効力を持たない可能性があります。例えば「自宅を長男へ相続させる」と記載しているケースは、「自宅」とだけ限定されてい

て、**不動産の所在を明記しておらず、場所の特定ができませんので効力を持ちません。**「預金は長男長女2人で分けてください」という書き方の場合は、**具体的に誰に預金の何%を相続させるとは記載していませんので、効力を持ちません。**これらも自筆証書遺言の場合に多く見られるパターンです。自筆証書遺言のデメリットは他にもあり、**亡くなった後に家庭裁判所での検認が必要な点があります。**

ですが、これらの問題のいくつかを解消できる法務局による「自筆証書遺言書保管制度」が2020年7月10日からスタートしました。これは法務局

作成年月日がないので、無効です
遺言書
遺言書が見つかりました!!

が、自筆証書遺言書を預かってくれる制度なのですが、この制度を使うと**遺言書の形式基準の確認を行ってくれたり、家庭裁判所の検認の手続きが不要になったりと遺言書を書く方にとっては安心できる制度**になっています。

ただし、形式的な部分のみの確認に留まり、本人の意思確認や遺言書の内容自体に不備があるかどうかまでは確認してくれませんので、この部分の問題点は残ります。

相続争いを引き起こす原因3選

①不動産の占める割合が多い

遺産のうち不動産の占める割合が多い家庭は揉めやすいです。なぜなら**不動産を相続しない兄弟は、何も相続できる財産がなく、不公平が生じる可能性が高い**ためです。

仮に1億円の不動産を持った親が亡くなったとします。兄弟2人であれば、相続分は1／2ずつのため、5000万円ずつ相続できる権利があります。全てが金融資産であれば、すっきり半分ずつ相続できます。しかし、遺産が不動産だけだとうまくいきません。

遺産が不動産だけで、仮に自宅を同居している長男が相続すると、弟は何も相続する財産がありません。すると弟は兄に対し、「5000万円をよこせ」と主張することになります。兄に5000万円の金融資産があれば解決しますが、親からは自宅しか相続していないこともあり、手元にお金を用意できないのです。よって弟が相続分の主張をしてくる場合には、自宅を手放さなければならないのです。

また**不動産を共有で相続したとしても、売却することが前提でなければ、子供が亡くなって孫の代に不動産が渡った場合に、権利がさらに分散し意見がまとまらずに売るに売れないという事態が生じる**のでおすすめできません。よって遺産のうち不動産の占める割合が多いと揉める原因となりますので、何らかの対策を講じる必要があるでしょう。

②遺言書の内容が1人だけに偏っている場合

1人が多くの財産を引き継ぐという内容の遺言書は、その他の相続人が不公平感を抱くため、相続争いの引き金になりやすいです。例えば、「株式を全株長男に相続させる」や「不動産の全てを長男へ相続させる」などの遺言が典型です。会社の代々の創業家や、地主の家系はこのような遺言書を残すことが多いです。

▶図11　遺留分はどれくらい？

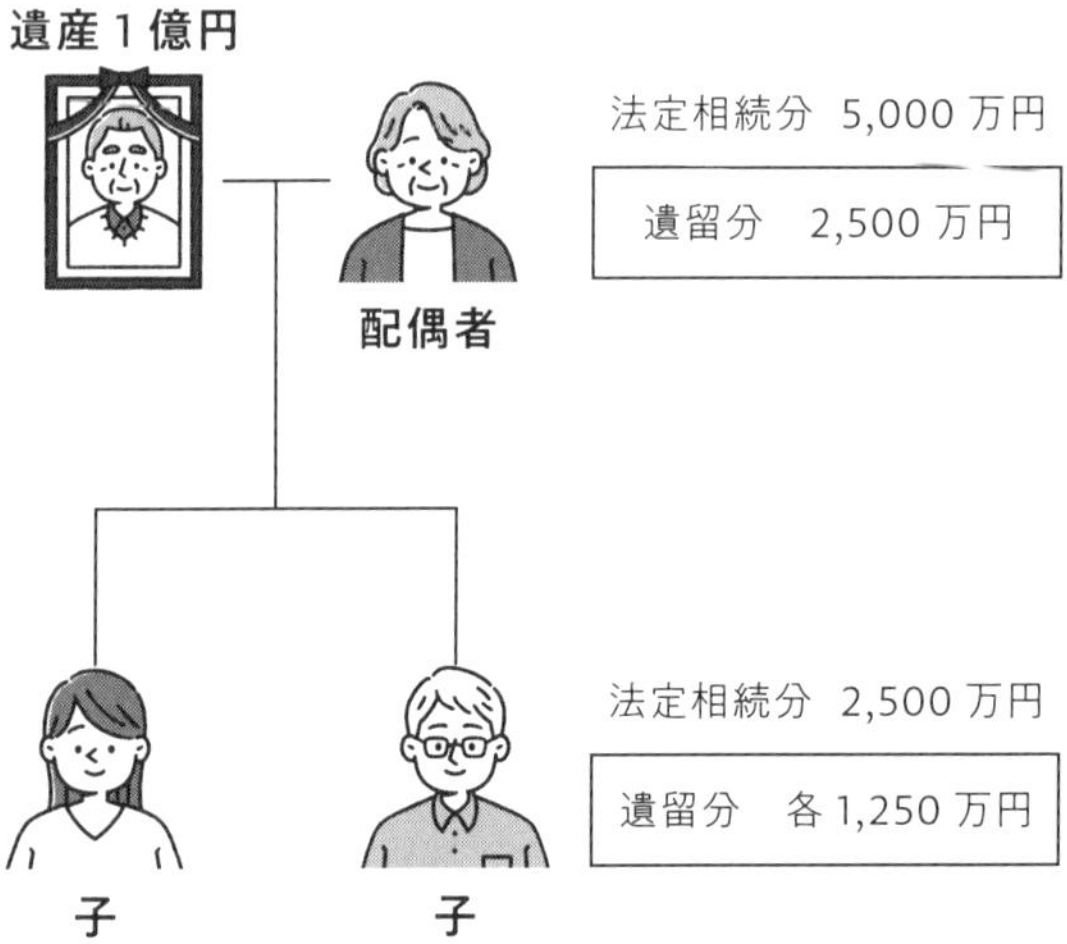

　1人が多くの財産を引き継ぐという内容の遺言書は、「遺留分」を侵害している可能性があります。遺留分とは、遺言書がある場合にも相続人に最低限与えられる権利で、相続分の半分（1／2）あります（両親、祖父母だけが相続人の場合は1／3、なお兄弟姉妹には遺留分はありません）。父、母、長男、長女の4人家族で父が亡くなる場合、遺留分は母1／4（1／2×1／2）、長男・長女1／8（1／4×1／2）ずつです。

　仮に父が1億円の財産を長男へ相続させるという遺言書を残していた場合には、母は2500万円、長女は1250万円長男に請求できます。この請求のことを**「遺留分侵害額請求」**と呼びます（図11）。

1人に多くの財産を引き継がせるという遺言書は、他の家族が最低限の権利である遺留分すらもらえないことになりかねません。よって遺留分を取り戻すために「遺留分侵害額請求」をするのです。**もし遺留分侵害額請求を行うとなれば、弁護士を通して行うことが一般的ですので、相続争いになってしまうことは避けられません。**

ですが、会社の経営上やむなく株を長男へ引き継がせなければならないケースや、不動産を長男へ引き継がせたいということもあるかと思います。

こういった場合には、父が**亡くなる前に長男以外の相続人の了承を得ておくことが効果的です。**了承といっても「株は長男へ引き継がせたいから口を出すなよ」と言ったところでそれは何の効力もありませんので、この場合にとる手続きは**「遺留分の放棄」**です。**遺留分の放棄をするためには、長男以外の相続人へ遺留分相当の価値のあるものを生前贈与し、納得してもらった上で家庭裁判所の許可をもらう必要があります。**株式の場合は特殊で、経済産業省に申請を出すなどの手続きを行えば、生前贈与などをしなくとも、**株式の価値の部分を丸々遺留分の計算から外せる「遺留分に関する民法特例」**というものがあります。

③相続財産の内容が不透明

兄弟から見て相続財産の内容が不透明な場合、揉めることが多くあります。例えば、ある1人の子供が「親の財産を使い込んでいる」「親から金銭的な援助を受けている」といったことを他の兄弟に黙っている場合などがあります。

親の財産を、親のために使っていれば何ら問題はないのですが、例えば同居している長男夫婦が自分たちのために使い込んでいるとなれば、他の兄弟からすると本来親から相続でもらえるはずだった財産が減ることになりますので、争いの種となります。

また親から金銭的な援助を受けていても、事前に家族に共有されていてかつ他の家族にも同等の援助があれば問題ありません。ですが、このような援助があったことが、相続後に判明し、金額にも大きな差がある場合は、他の兄弟は「やはり長男ばかりひいきしていたのか」と思い、感情的な部分で争いに発展することもあるのです。

相続で揉めないようにする方法

相続争いが起こる原因について述べてきましたが、では、どのようにすればこういった事態を回避できるのか。将来相続で揉めないか不安だという方は、最低限次の三つの対策はやっておきましょう。

①公正証書遺言を作成する

対策を万全にしたい方は「公正証書遺言」の作成をおすすめします。**公正証書遺言は、自筆証書遺言とは違い、公証役場で作成する遺言書です。**作成にあたっては裁判官などを長年務めた公証人が、利害関係者を除く2人以上の証人立ち合いのもと、遺言を残す人に間違いがないかどうかを直接確認します。

認知症の疑いをかけられないためにも、公証役場で作成する「公正証書遺言」をおすすめします。公正証書遺言は、公証人の他にも証人２人の立ち合いがあるので、意思能力の疑いをかけられにくくなります。

ただし、それでも遺言書無効の訴えをかけられることもありますので、念には念を入れて、遺言書作成前後のタイミングで医師の診断書なども用意しておくといいでしょう。

また**公正証書遺言は、紛失のリスクがありません。**仮に手元にあるものが紛失してしまっても、公証役場に原本があるためその効力が無効になることがありません。

他にも公正証書遺言は、**自筆証書遺言にあった形式的な要件不備のリスクや検認が必要といったデメリットがありませんので、安心して遺言書を作成できる**のです。

遺言書を作成する場合は、両親ともに作成しておくことをおすすめします。片方の親しか遺言書を作成していなかったがために、相続争いを助長してしまうこともあります。

次の話は私が実際に担当した事例です。家族構成は父、母、長男、長女で、９０００万円の自宅を父と母が１／２ずつ共有で持っていました。父、母、長男が同居しているため、両親は長男に自宅を引き継がせたいという意向がありました。

その後父が亡くなりますが、父は自宅のうち持分1／2の4500万円の財産で、相続税の基礎控除（相続人3人の場合は4800万円）以下だったため、相続税申告を行っていませんでした。また自宅を誰が相続するかの話し合いも、母、長男、長女との間で行われていませんでした。

ここで母は昔から長男へ自宅を引き継がせたいという意向があったため、「私の自宅の持分1／2と父から相続する自宅の持分を長男へ相続させる」という旨の遺言書を残しました。この後すぐに母も亡くなります。

こうなった場合、どのような流れで手続きを進めるのでしょうか。最初に、父の財産の分け方を長男と長女の話し合い（遺産分割協議）で決めます。その後に母の財産を遺言書にのっとって引き継ぐことになります。

ですがこの事例では、1人の相続人に財産が偏っており、遺言書の存在を知らなかった長女がそのことに不満を持ち相続争いが起きてしまいました。これによって父の遺産分割協議はずっと宙に浮いた状態となってしまいました。父からの相続が宙に浮くことにより、母の遺言のうち長男が相続する「父から相続する自宅の持分」も決りませんので、手続きは滞ってしまいます。

ではこの事態を未然に防ぐためにはどうすれば良かったのでしょうか。それは父も遺言書をセットで作成しておくということです。相続税申告を行わない場合、どうしても財産の分け方の話し合いを先送りにするケースは多いです。こうなると手続きできなくなりますので、想いを残したいのであれば、あらかじめ遺言書を作成しておくことをおすすめします。

②遺留分に配慮した内容の遺言書を作成する

公正証書遺言を作成したとしても、もし遺留分を侵害している内容である場合には、遺留分侵害額請求をされるリスクがあります。よって、**相続人それぞれの遺留分に配慮した形で遺言書を作成しておく**ことをおすすめします。

やむなく1人の相続人に偏った内容の遺言書を作る場合には、そのようなリスクを承知の上で実行してもらう必要があります。なお、特定の相続人に多くの財産を残すという内容の遺言書を最小限のリスクで作成する方法を、83頁から解説します。

③**内容を事前に家族に共有する**

遺言の内容を生前にご家族同士で共有しておきましょう。相続争いは、ちょっとしたことで起こります。相続財産の内容や配分や親の気持ちが分からないと、相続人たちはそれぞれが疑心暗鬼になり争いに発展してしまうのです。実際に家族全員が集まり、遺言の内容を、遺言を作成した本人が読み上げることで、想いを伝えておくことが重要です。

想いを伝える手段として、付言（ふげん）事項があります。**付言事項とは、公正証書遺言の末尾に遺言者が言い残しておきたいことを書ける**文章です。付言事項自体に効力はありませんが、気持ちを載せておくことで、なぜそのような遺言書を作ったのかといった想いを遺すことができます。

特定の相続人に多くの財産を残す裏技

特定の相続人に多くの財産を残すには、遺留分対策が必要です。中小企業のオーナーや代々続く地主の場合、1人の子供に多くの財産を相続させたいという想いがあるかと思います。ただし何も対策をしないと、高額になるであろう他の相続人の遺留分を支払えないため、泣く泣く会社を閉じなければならない、または先祖代々の不動産を売却しなければならないといった事態になりかねません。

よって特定の相続人に多くの財産を残したいと思ったら、遺留分対策で他の相続人の遺留分を減らしておくことが重要です。ここからは、代表的な遺留分対策を三つご紹介します。

①**生命保険**

生命保険に加入して、受取人を特定の相続人にしておくことによって、他の相続人の遺留分を減らすことができます。**生命保険は受取人固有の財産と考えるため、親の遺産から除外され、遺留分の対象から外せる**のです。

例えば、長男と長女を持つ父が、自宅8000万円と預金2000万円を遺言書で長男へ残した場合、長女には2500万円（1億円×1／2×1／2）の遺留分があります。長男が遺留分を支払うためには、相続した2000万円の預金だけでは足りないので、500万円も工面しなければなりません。

ただし、長男を受取人にして2000万円の生命保険に加入すれば、長女の遺留分は2000万円（8000万円×1／2×1／2）となり、長男は長女の遺留分の大部分を父の保険金から支払うことができるのです。

ただし、**財産の半分以上を保険に変えると認められず、遺留分の対象となる可能性もあります**ので、加入する場合は多くても遺産全体の半分程度に抑えておくといいでしょう。

②養子縁組

養子縁組をして他の相続人の遺留分を減らすことで遺留分対策となります。これは養子縁組によって相続人を増やすことが、他の相続人の遺留分を減らす効果につながるためです。

例えば、配偶者がおらず長男と長女を持つ父が、長男に財産を残したい場合、長女の遺留分は1／4あります。ですが、仮に長男の子（父から見ると孫）を養子縁組すると、長女の遺留分は1／6に減るのです。よって特定の子供に多くの財産を残したい場合は、養子縁組が有効です。

ただし養子縁組には、他の相続人から養子縁組無効の訴えを起こされるリスクや孫が未成年の場合の親権がなくなるといったリスクがありますので、注意が必要です（詳細は第5章）。

③早期の生前贈与

残したい方へ早いうちから贈与を行うことで、遺留分対策となります。なぜなら**遺留分の対象となる生前贈与は年数が限られている**からです。遺留分は、亡くなった際に持っていた財産を基準に計算しますが、生前贈与も元々は財産の一部であることから遺留分の対象となります。

ただし生前贈与のうち**遺留分の対象となるのは、相続人は相続開始前10年、相続人以外は相続開始前1年以内の贈与だけで済む**のです。よって残したい方へは一刻も早く生前贈与を始めておくと遺留分対策になります。

また相続人であっても遺留分の対象となる生前贈与の期間を縮める裏技がありま す。それは、「相続放棄」です。親が**亡くなってから3か月以内に相続放棄をすれば、その方は相続人ではなくなりますので、遺留分の対象となる期間を相続開始前1年だけにすることができます。**

ただし、これらの贈与は対象期間外のものであっても、**他の相続人に損害を与えることを知って行っていたと認定された場合には、遺留分の対象となる**リスクはありますのでご注意ください。

これら三つの他にも、生前に遺留分の放棄をしてもらうという方法もあります。ただし、この方法は他の相続人が快く家庭裁判所に放棄の手続きをしてくれることが前提条件となるので、実行までのハードルは高いです。また、生前贈与をしなければなりません。遺留分相当の金額を用意しておくことにハードルがあり実行は困難です。また遺留分を相続後に支払うのかもしくは相続前に支払うのかの違いだけで、根本的な問題解決にはなりません。

中小企業オーナーの場合は、他の相続人へ遺留分の贈与をしなくても、民法特例によって会社の株は遺産から除外するといった合意書を作成することもできます。ただしこの方法も、他の相続人の同意を得て中小企業庁と家庭裁判所に申請するという方法ですので、関係が良好でないと難しいですし、実行するには高いハードルがあります。遺留分の放棄は生前に確実に争わないように段取りしておきたい場合に有効なのです。

分割協議書を作成しないと起こるトラブル3選

遺言がなくても相続税申告が不要な場合、分割協議書を作成しない家庭も多くあります。なぜなら、相続税申告以外の相続手続きは期限がタイトなものがないためです。ただし分割協議書の作成を後回しにしていると、将来トラブルになることがあります。そこで分割協議書を作成しない場合の注意点を三つ説明します。

①相続登記の義務化

今後は相続登記の義務化によって、**分割協議書を作成しておかないと10万円以下のペナルティがかかる可能性があります。**相続登記は、２０２４年4月1日から義務化されました。今後は**相続を知ってから3年以内に相続登記する**ことが必要になります。遺言がある場合や法定相続分で相続する場合を除くと、分割協議書を作成しないと相続登記はできないため、問題が生じます。

また過去の相続にも遡及適用され、遅くても2027年3月31日までに登記をしておく必要がありますのでご注意ください。

②親族間で揉める原因になる

分割協議書を作成せずに相続登記を放置していると、もし自分が亡くなってしまった場合に家族が代わりに手続きをしなければなりません。その際に遺言書がないと、**自分の家族にとっては縁遠い自分の兄弟たちと一緒に手続きを進めなければならないようなことがあるかもしれません。**

この際、関係者がスムーズに応じてくれればいいのですが、高齢で認知症になっているなどの事情で手続きが滞ってしまうこともあるのです。こうなると、もし不動産を売りたくても即座に売却できず売り時を逃してしまうということにもなりかねません。

③思わぬ税務調査のリスクがある

分割協議書を作成しておかないと、将来相続税の税務調査が来る可能性があります。**特に父、母、子の3人家族の場合は注意が必要**です。

例えば、父と母が3000万円ずつの財産を持っていたとします。父が先に亡くなり、時を待たずして母も他界してしまいました。父の財産の分け方については何ら話し合いを行っていませんでした。このとき、子は相続税申告をする必要があるのでしょうか。実はこのケース「母の相続について申告が必要」となります。

一見、父も母も相続税申告は必要ないように見えます。父が亡くなったときには、相続人は母と子の2人なので相続税の基礎控除は4200万円です。父は財産が3000万円で基礎控除4200万円を下回るため申告は不要です。

母が亡くなると、相続人は子供1人で、基礎控除は3600万円です。財産3000万円が基礎控除3600万円を下回りますので、こちらも一見申告が必要ないように思えます。

ですが、母の財産は3000万円ではなく、4500万円と税務署から見られるのです。これはなぜかというと、父の財産について何ら話し合いを行っていない場合には、父の財産のうち法定相続分の1／2ずつを母と子が相続したという前提で計算を行わなければいけないからです。こうなると母の財産は、元々持っていた3000万円と父の財産の1／2である1500万円の合計4500万円となり、基礎控除3600万円を超え、申告義務が生じてしまうのです。

税務署はこういった未分割状態の財産がないか常に目を光らせています。父の相続の際に、分割協議書を作っていない場合には、必ずと言っていいほど、ヒアリングされますので、きちんと事前に対策しておかなければなりません。

●コラム

兄弟に親のお金を取り込まれてしまった場合の対応策

他の兄弟に親のお金を取り込まれてしまった場合は、税務署にタレこんでみましょう。親と同居している家族が親のお金を自分のものとしているケースは少なくありません。

この際、訴えたい側が自分たちでできることは親の過去の通帳を銀行から取り寄せて調べるくらいですが、調べた上で追及しても兄弟は果たして本当のことを言ってくれるかは分かりません。

そこで税務署を味方につけるのです！　本来あったはずの親のお金を探したいのは税務署も同様です。

税務調査を実施してもらえば、

「亡くなった方はいつまでお元気でしたか？」

「認知症でしたか？」

「お金の管理はいつまでやっていましたか？」

「亡くなった方が入院された以降は、誰がお金の管理をしていましたか？」

というように、誰がお金の管理をしてどのような入出金があったのかを徹底的に確認しますので取り込んだお金が判明することがあるのです。ただし、この方法で税務署が必ず動いてくれるとは限らないので注意しましょう。


他には、亡くなった後であれば銀行に知らせて口座をすみやかに凍結させておくことをおすすめします。人によっては、相続後に大きな金額を引き出して取り込んでしまうケースもありますので、そういった場合に対応できます。

逆にお金をおろす側が他の兄弟から取り込まれたと思われないようにしたいのであれば、資金使途が分かるように記録をつけておくといいでしょう。さらにその記録を定期的に他の兄弟へ開示することによって安心感につながり、争いを予防することができます。

第3章
「生命保険や不動産」で税金を大幅圧縮

生命保険は最も簡単な節税対策

この章では、一次相続、二次相続のシミュレーションや、小規模宅地の特例といった基本的な対策を済ませた方のために、いよいよ相続税を大きく下げるために行う相続税の対策を紹介します。

第1章でも説明した通り、相続税を大きく減らす裏技は、生命保険の活用と不動産購入です。これらの対策は、誰でも簡単にできますが、やり方を間違ってしまうと、かえって損をすることもあるので、対策方法や注意点なども押さえていきましょう。

「相続税対策の中で最も手を付けやすいものは何ですか？」と聞かれたら、私は真っ先に**「生命保険の活用」**と答えます。ここまで手軽にかつ大きく節税できるものはありません。

　生命保険には500万円×法定相続人の数の分の非課税枠があります。例えば、母と子供2人の家族の場合は、お父さんが亡くなると法定相続人は3人ですので、1500万円（500万円×3人）まで相続税はかかりません。もし相続税の税率が30％であれば450万円も相続税が得になります。夫婦それぞれが生命保険に加入することで、1000万円近い節税も可能です。

　このように生命保険は加入するだけで、数百万円も節税することができます。手元の生活資金を崩してまで対策することはおすすめしませんが、もし**金融資産に余裕があれば、定期預金として寝かせておくよりも、生命保険に資産を組み替えたほうが効率的**と言えます。

生命保険は受取人を配偶者にすると数百万円損をする

生命保険は受取人を誰にするかで節税額が変わります。生命保険を契約して受取人を配偶者にしていませんか？　実はそのままだと、将来相続税で数百万円損するかもしれません。

生命保険には優遇措置がある一方、受取人次第で税金が大きく変わることもあります。なぜ配偶者を受取人にすると相続税が増えてしまうのか、生命保険の受取人を誰にしておくと有利かを説明します。

結論を先に言うと、**生命保険の受取人は配偶者ではなく、子供にしておくと有利**です。配偶者を受取人にしてはいけない理由は、配偶者が亡くなる際の相続税が増えるからです。先にお父さんが亡くなり生命保険をお母さんが受け取ると、次にお母さんが亡くなり子供が財産を相続する際の相続税が増えるのです。

生命保険に加入する際、なんとなく受取人を配偶者にしている方も多いのではないでしょうか。私のお客様の中にも、夫婦それぞれがお互いを受取人同士にしている方がよくいます。ただしこのままだと将来損をしてしまいます。

ここで「配偶者に財産を相続させたほうが、特例で税金がかからないから得じゃないの？」と思われるかもしれません。確かに、夫婦間の相続であれば最低でも1億6000万円までは相続税がかからない「配偶者の税額軽減」という特例があり、配偶者が保険金を受け取っても配偶者に相続税はかかりません。

ただし、これは夫婦のうち片方が亡くなった場合、いわゆる一次相続の話です。先にも説明した通り、俗に両親のうち先に亡くなる方の相続を一次相続、次にその配偶者が亡くなる相続を二次相続と呼びます。**一次相続で配偶者へ多く財産を残すと、配偶者の税額軽減によって相続税が低く抑えられますが、その分二次相続でかかる相続税が増えてしまう**のです。

二次相続では配偶者がいない分、相続人が1人減るので、相続税の税率が上がりやすく、一次相続に比べると相続税が多くなりやすいのです。また配偶者が先代から相続した財産やご自身で得られた財産を持っていることもありますので、一次相続で配偶者に財産を残すと相続税がけた違いに跳ね上がるのです。夫婦は2人ですので、相続税が2回かかることを忘れてはいけません。

この話をすると「そもそも生命保険には非課税枠があるから気にしなくていいのではないですか？」と質問されます。確かに、生命保険は500万円×法定相続人の数の非課税枠があるため、この範囲内であれば生命保険を配偶者が受け取っても相続税はかかりません。

ただしこれは子供の場合も同じです。子供が生命保険を受け取っても非課税枠の範囲内であれば相続税はかかりません。よって**保険金を配偶者がもらって二次相続の相続税が上がってしまうより、子供が無税で受け取ったほうが得**です。

生命保険の受取人を子供にしておくとどれくらい得になるのでしょうか。預貯金1億円と生命保険1000万円の遺産があるお父さんのケースで見てみましょう。相続人は、配偶者と子供の2人と仮定します。配偶者は財産を持っていない前提のもと、預貯金を配偶者と子供が1／2ずつ相続する場合を想定します。

この前提で配偶者が生命保険を受け取ると、相続税が一次相続で385万円、二次相続で310万円、計695万円かかります。計算式は次の通りです。

●一次相続（お父さんの相続）

（1・1億円－生命保険の非課税1000万円－基礎控除4200万円）÷2＝2900万円

（2900万円×15％－50万円）×2＝770万円

配偶者　配偶者の税額軽減により相続税は0円

子供　770万円×5000万円÷1億円＝385万円

合計　385万円

●二次相続（お母さんの相続）

預貯金5000万円＋保険1000万円－基礎控除3600万円＝2400万円

2400万円×15％－50万円＝310万円

それでは生命保険の受取人を子供にするとどのように変わるでしょうか。結果は次の通り、一次相続で385万円、二次相続で160万円、計545万円となり税負担に差が出ました。

●一次相続（先と同様）

（1・1億円－生命保険の非課税1000万円－基礎控除4200万円）÷2＝2900万円

（2900万円×15％－50万円）×2＝770万円

配偶者　配偶者の税額軽減により相続税は0円

子供　770万円×5000万円÷1億円＝385万円

合計　385万円

●二次相続

預貯金5000万円－基礎控除3600万円＝1400万円

1400万円×15％－50万円＝160万円

一次相続では配偶者も子供も同じように生命保険の非課税枠があるため相続税は変わりませんが、受取人を子供にして配偶者が保険金を受け取らないことにより、財産が増えないため、二次相続の相続税に差が出ました。

このように生命保険の受取人は配偶者ではなく、子供にしておくことによって節税となります。せっかく生命保険の対策をしても、受取人を配偶者のままにしておくと効果が半減しますので、受取人変更がまだの方は今すぐ行うことをおすすめいたします。

生命保険の受取人を孫にするのはNG

「生命保険の受取人を孫にする」という案もありますが、実は孫を受取人にすることは絶対におすすめできません。もし**孫を生命保険の受取人にしている場合は、一刻も早く子供へ受取人を変更しましょう。**理由は三つです。

①相続税が2割増しになる

孫が生命保険を受け取ると相続税が2割増しになります。**相続税の2割加算といって、亡くなった方から見て縁遠い兄弟姉妹や孫などが財産を相続すると、相続税を20%増しでかけるという制度があります。**孫に財産を渡すと相続税を一代分スキップできるため、このような厳しい取り決めになっています。

ただし、孫であっても2割加算とはならない場合もあります。それは子供が親よりも先に亡くなっていて孫が相続人となるケースです。いわゆる**代襲相続人となっている場合には2割加算とはなりません。**

②生命保険の非課税枠が使えない

孫は生命保険の非課税枠が使えません。なぜなら**生命保険の非課税枠が使えるのは相続人だけ**だからです。一般的に孫は相続人ではないため非課税にはなりません。

こうなると他の家族の相続税も増えます。生命保険の受取人が子供であれば非課税枠によって無税で済むところ、受取人が孫だと他の相続人の相続税にも影響が出ます。

仮に98頁の家族が生命保険の受取人を孫にした場合はどうなるでしょうか。一次相続の相続税が子供約436万円、孫が約105万円、計約541万円（子供が受取人の場合は385万円、100頁参照）に増えます。計算式は以下の通りです。

●一次相続

（1・1億円−基礎控除4200万円）÷2＝3400万円

（3400万円×20%−200万円）×2＝960万円

配偶者　配偶者の税額軽減により相続税は0円

子供　960万円×5000万円÷1・1億円＝436・36万円

孫　960万円×1000万円÷1・1億円×1・2（2割加算）＝104・72万円

孫を生命保険の受取人にすると、生命保険の非課税枠が使えず孫だけでなく保険金を受け取らない子供にまで税負担の影響が出ます。

ただし、孫であっても相続人であれば非課税枠が使えます。孫が相続人となるのは大きく2パターンです。**一つは養子縁組をしているケースで、孫が祖父母の養子になっている孫養子の場合**です。二つ目は、子供が親よりも先に亡くなっていて孫**が代襲相続人となっている場合も非課税枠を使うことができます。**

③生前贈与7年内加算の対象になる

孫が生命保険の受取人になると、生前贈与3〜7年内加算の対象となってしまいます。7年内加算とは、**亡くなる以前7年分の生前贈与は全て無効にして相続税の計算に反映するという制度**です。

仮に1億円を持っている方が、毎年100万円をコツコツ7年間贈与して、亡くなるまでに9300万円まで財産を減らしたとしても、相続税の計算にはこの700万円も反映して、結局は元々の1億円に対して相続税がかかるのです。

7年内加算は、相続か遺言で財産をもらう人が対象です。孫が財産をもらうことは稀ですので、孫は基本的に7年内加算の対象外です。よって生前贈与をする場合は、孫へ優先的に行うと有利です。

ところが生命保険の受取人を孫にしてしまうと、**孫が遺言で財産をもらったのと同様の扱いとなり、7年内加算の対象者となるため、孫への生前贈与による対策の効果が薄くなる**のです。

仮に先ほどの家族が、孫に毎年100万円を7年間、合計700万円を贈与していて、生命保険の受取人を孫にしてしまった場合はどうなるでしょうか。一次相続の際の相続税が、子供約４７０万円、孫が約１９２万円、計約６６２万円に増えます。計算式は以下の通りです。

●一次相続

（１・１７億円－基礎控除４２００万円）÷２＝３７５０万円
（３７５０万円×20％－２００万円）×２＝１１００万円
配偶者　配偶者の税額軽減により相続税は０円
子供　１１００万円×５０００万円÷１・１７億円＝４７０万円
孫　１１００万円×１７００万円÷１・１７億円×１・２＝１９１・７９万円

一方で生命保険の受取人を子供にしている場合には、同じ状況であってもこれらの三つのデメリットがないため３８５万円で済みます。よって生命保険の受取人を誰にするかによって税負担にかなりの開きが出るのがお分かりいただけたかと思います。生命保険の受取人は基本的に子供にしておくことをおすすめします。

あまり知られていない生命保険を使った節税の裏技

生命保険の非課税枠を活用した節税策は有名ですが、実は生命保険を活用して他にも相続税評価額を引き下げる方法があるのです。それは**「子供に保険をかける」**という方法です。

子供に保険をかけるというのは、**親が子供の保険に加入して保険料を払ってあげる**ということです。**契約者が親で、被保険者が子供**という形になります。

この状態で親が亡くなるとどうなるのでしょうか。被保険者である子供は亡くなっていないので保険契約自体は残っています。ただし契約者である親が亡くなると、契約者変更をする必要があります。

ポイントはこの契約者変更の際にどういった計算をするかです。この場合、保険は親の相続税の計算上**「解約返戻金相当額」**として評価されます。

仮に1000万円で加入した保険が、親が亡くなった時点において解約返戻金が800万円となることもあります。よって支払った保険料と解約返戻金との差額200万円が節税となります。

このように解約返戻金は加入の初めは低く、年が経つと徐々に高くなる性質があるため、支払った保険料よりも割安で評価される分相続税を節税することができます。

ただし、**契約者を子供にしているとうっかり相続税の計算から忘れてしまうことがあるので注意**しましょう。契約者が子供であっても親が保険料を支払っていれば、親の財産として相続税の計算上反映する必要があります。実務上、親が加入している家族の保険の計上漏れが非常に多いので、ご注意ください。

不動産を購入するとなぜ節税となるのか

相続税を大きく減らす裏技の二つ目は、**不動産購入**です。不動産購入には、相続税評価額を引き下げる効果があります。不動産購入による相続税対策は、あらゆる対策の中でも最も効果が大きく、やり方次第では相続税を大きく減らすことも可能です。

ではなぜ不動産を購入すると相続税が引き下げられるのでしょうか。それは**不動産は相続税計算上、割安に評価できる**からです。相続税計算上、不動産をどのように評価するのかという部分がポイントです。

相続税法22条で、相続税計算上の不動産評価は、原則「時価」と決められています。ただし、時価を決めることは非常に難しいです。時価は、一般的に第三者間で取り引きする際に決まる金額を指しますが、同じ不動産を評価するにも様々な金額があ

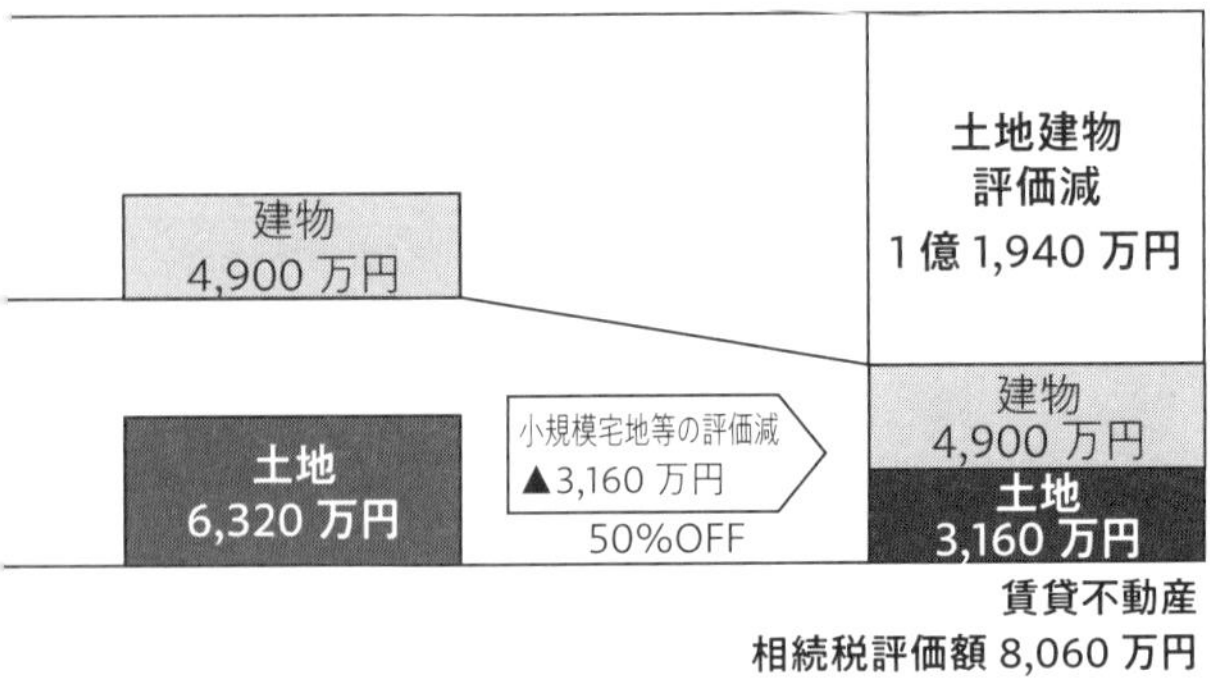

※3　建物の固定資産税評価額は、建物価額の７割と仮定しています。

り、決まった金額を求めるのが難しいのです。

そこで国税庁は、財産評価基本通達で「この評価方法を時価とする」という指針を出しています。それが**「路線価」で評価する**という方法です。

厳密にいうと土地は路線価もしくは固定資産税評価額に一定の倍率を乗じて評価する方法、建物は固定資産税評価額で評価する方法です。よって基本的に相続税の計算は、この財産評価基本通達に沿って行われます。

そして路線価を使うと、不動産の価格が大きく引き下がります。一般的に**路線価は時価の約８割、固定資産税評**

▶図12　不動産の評価額

【前提条件】

● 賃貸不動産（建物1億円＋土地1億円）を購入した場合の相続税評価額の考え方

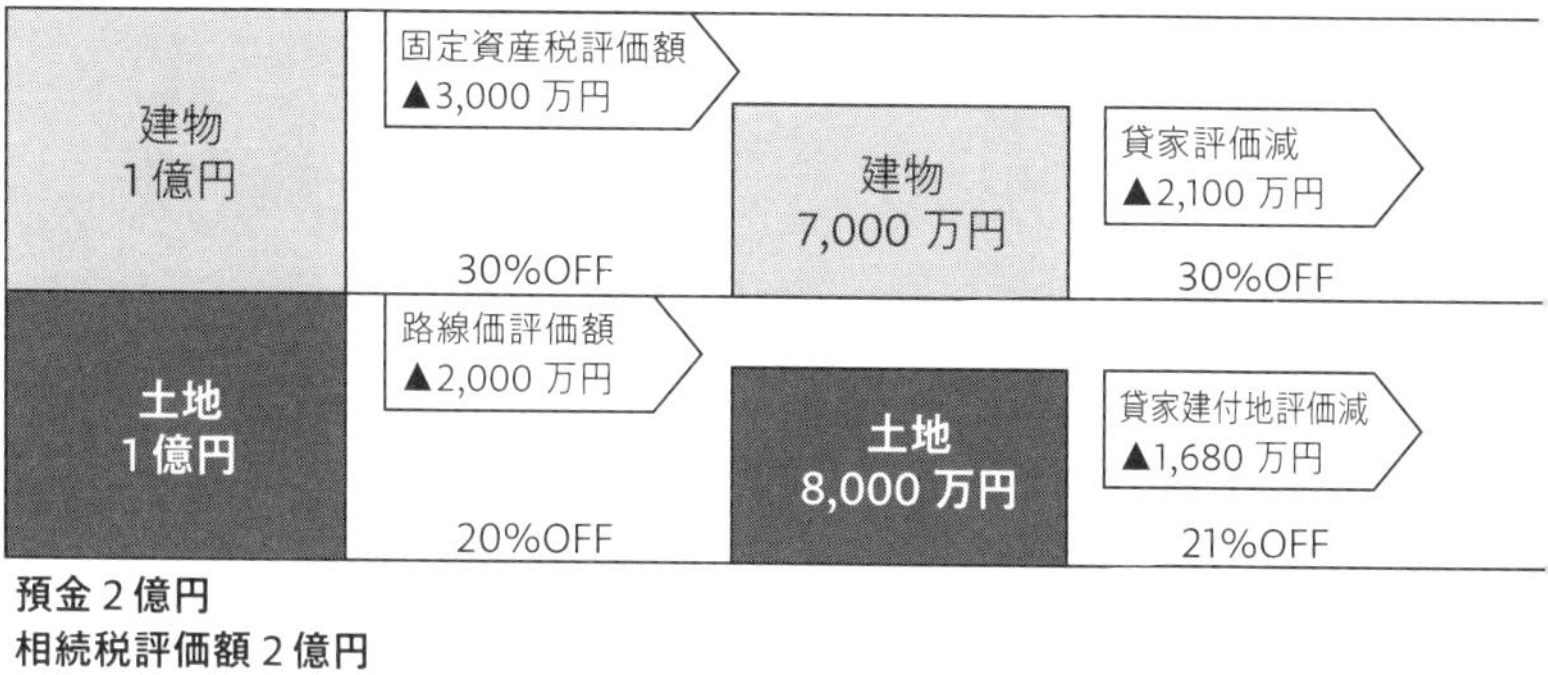

※1　土地購入価格は公示価格ベースと仮定しています。

※2　土地面積200㎡ 時価1㎡50万円 路線価1㎡40万円 借地権割合70%と仮定しています。

価額は時価の約7割といわれています。仮に土地1億円、家屋1億円の合計2億円の不動産を購入すると、土地8000万円、家屋7000万円ほどで評価され、不動産を購入するだけで約5000万円も評価額が下がります（図12）。

アパートやマンションを賃貸していれば、さらに20～30％減額されます。また実際のところ、物件の種類によってはさらに大きく評価額が下がりますので、2億円の物件が相続税評価額で1億円以下になることもよくあります。

これまでの節税対策で人気だったタワマン節税とは？

不動産は相続税評価上、割安に評価することができます。この仕組みを利用した相続税対策で最も人気だったのが、タワーマンションです。タワーマンションは、実際の価格と相続税評価額との乖離が最も大きく、相続税評価額の大きな引き下げを狙って、これまで多くの富裕層が購入してきました。

なぜ大きく引き下げられるのかは、タワーマンションの構造上の理由があります。

タワーマンションの相続税評価は、敷地権と家屋の二つに分かれます。

敷地権とは、土地のうちマンションの持分に与えられた権利をいいます。一般的にタワーマンションは、狭い土地の上に多くの戸数があるため、一つあたりの敷地権の評価は低くなります。

また、家屋の評価は立地にかかわらず固定資産税評価額で計算するため、低く抑えられるのです。これは田舎にある1000万円のタワーマンションも、港区にある1億円のタワーマンションも同じ建築材料で作っているのであれば評価額も同じになるということです。都心にあるタワーマンションは、その立地や眺望の良さによって価格が高くなりますので、実際の価格と相続税評価額の開きが大きくなるわけです。

2022年4月19日の最高裁判決で路線価による評価が認められず、納税者の敗訴が決まりました。色々なメディアで取り上げられていたのでご存じの方も多いかと思います。このニュースを見ると、これからは不動産を使った相続税対策はできないと感じるかもしれませんが、私は今後も不動産による対策は有効と考えています。

ただし、この判決以降はより慎重に進めなければいけないことは確かです。そこでこの判決の事案を参考にしながら、不動産による相続税対策をする際はどの点に気をつけなければいけないかを解説します。

まずは判決の概要をおさらいしましょう。父が信託銀行に事業承継の相談をしに行ったところから始まります。父は不動産会社の社長で、財産を約7億円も持っている資産家でした。対策をしないと相続税が3億円近くかかるため、父とその家族は相続税対策を考えていました。

すると信託銀行は「借金をして不動産を購入しましょう。そうすれば相続税を0にすることもできますよ」と提案を持ちかけ、父と家族はこの提案どおりに話を進めることになりました。

この提案どおりにいくと、約10億円も評価額が引き下げられます。自己資金と借金10億円を元手に、8・3億円で購入した杉並の1棟マンションの相続税評価額は2億円に、5・5億円で購入した川崎の1棟マンションは1・3億円まで下がります（この物件はタワーマンションではありません）。

こうなると国税は黙っていません。あからさまに税金対策をしている納税者に国税は厳しく対応します。

国税はこの評価に対し、どのように文句をつけるのでしょうか。財産評価基本通達に沿って、土地は路線価で建物は固定資産税評価額で計算されており、一見問題はありません。

ですが国税には、このような状況でも納税者を否認できる奥の手を持っています。

それは**財産評価基本通達6項**（以降、「6項」とします）です。これは伝家の宝刀とも呼ばれ、**路線価による評価額が実際の価格とかけ離れている場合には、国税が評価額を決めていいという決まり**があるのです。これを聞くと、国税側の思う壺だと思われるかもしれませんが、この事案ではこの6項が適用されるかどうかが徹底的に争われることになりました。

結果は、納税者が敗訴しました。つまり6項が適用され、不動産の評価は路線価ではなく時価で評価すべきとされました。

ではなぜ敗訴してしまったのでしょうか。これには主な敗因が三つあります。

1．購入と売却が亡くなる前後に行われている

6項が適用されるかどうかの裁判では、**物件を「いつ買ったか」、そして「いつ売ったのか」が重視されます。**この事案では、信託銀行に事業承継の相談に行った頃には、父は既に90歳を超えていて、最後の物件を購入してから2年半後に亡くなってしまいます。こうなると相続税対策のために不動産を購入したという側面が色濃く出てしまいます。

実はあまり知られていませんが、この判決が出た4月19日と同日に他の事案でも上告が棄却され納税者が敗訴となっています。その事案は亡くなる直前2か月前にがんが発覚してから、15億円の借り入れをして不動産を購入した事案なのです。このように、「いつ物件を買ったか」は大事なポイントの一つです。

また「いつ売却しているか」も重視されます。これまで他のタワマン節税で納税者敗訴となったパターンの多くは、「相続後すぐに売却する」場合です。この事案でも5・5億円で購入した川崎のマンションを、父が亡くなった9か月後に売却しています。亡くなる時点において不動産を所有して評価額を圧縮し、その後すぐに換金して相続税を逃れようとしているのです。確かにこれがまかり通れば、誰も相続税を払わなくて済むことになります。よって相続直後に売却しているという要素も大きな敗因の一つです。

2. 明らかにやりすぎで目立つ

主な敗因二つ目は、明らかにやりすぎているという点です。今回の事案では、評価額が10億円も引き下がり、3億円近く課税されるはずの相続税が0円にまで下がりました。一般の方は、この資産家の父のように10億円も借金をして相続税対策をできませんので、過度な節税と見られたことも敗因の一つと考えられます。

3．経済合理性

主な敗因の三つ目は、**経済合理性があったか**です。言い換えると、不動産を購入した意図はどういうものだったかという点です。この事案の場合、相続税対策以外の目的があったかどうかをきちんと証明しきれなかったことが敗因になりました。

確かに年齢90歳の方が10億円の借金を背負って、不動産投資を始めるというのはなかなか考えにくいです。また経済合理性を証明できなかった決定打は、借り入れの際の銀行の稟議書に「相続税対策が目的」とあったことです。「不動産購入による資産運用」ではなく「相続税対策」が主目的であったことが客観的に把握されてしまったこともこの事案の敗因の一つになりました。

タワマン節税が改正！
不動産を使った相続税対策の今後

ここまでの話で「不動産を使った相続税対策は今後はできないのか？」と疑問が出るかと思います。ですが私は、今後も有効と考えています。

実は業界関係者の中でこの事案に期待していたのは新たな通達の取り決めでした。明確に「圧縮率が○％の場合はダメ」などの決まりがあれば納税者としても対策が打ちやすくなります。

そしてこの1件を受けて、**２０２４年1月1日以降に相続、遺贈や贈与を受けるタワーマンションのような区分所有財産については、評価方法が改正されました。**今後のマンションの評価額の計算は、おおむね実際の時価の60％相当額になるように、これまでの相続税評価額に一定の補正率を乗じる方法で行います。この改正によって、これまでよりもタワマン節税による効果が薄くなりました。

ただし、これによって不動産購入による相続税対策が完全にふさがれたわけではありません。実は今回改正されたのは、居住用マンション限定の話なのです。確かにタワマン節税をコツコツ行っていた富裕層からすると影響がありますが、**一棟所有の賃貸マンションやテナントの場合はこの度の改正の対象外となります。**よって今後も不動産購入による相続税対策は有効です。

そもそもこの事案は、タワーマンションではなく一棟建物の購入によって対策をしています。よって不動産購入による相続税対策を検討する場合は、6項が適用されないかを、重視する必要があります。今回の事案を受けてより慎重に進めなければいけません。

ではどのようなところに気をつけて不動産購入による相続税対策を行えばいいかを説明します。ただしこれを守ったからといって必ず認められるわけではなく、あくまで個人の意見です。実行する際はくれぐれも専門家と相談の上、ご自身の判断でお願いします。

気をつけるべき点は、次の2点です。

①借り入れをしない

不動産購入による相続税対策をするのであれば、自己資金の範囲で行いましょう。過去に、**自己資金で購入した不動産には6項が適用できないという判決が出たこともあります。**その判決では、単に不動産の価格に大きな乖離があるだけでは、6項を適用して評価することはできないと説明されました。相続直後に売却などがない限り、自己資金で対策を行った場合には、6項を適用される可能性は限りなく低いと考えます。

②相続直後の売却を控える

相続直後の売却は一発でアウトですので、絶対やってはいけません。これは自己資金の範囲で購入していても同じです。相続直後に売却をしてしまうと、経済合理性を明確にできません。**税務署から相続税対策が目的と見られてしまう**ので、やらないようにしましょう。

では不動産をどれくらいの期間保有しておけばいいのでしょうか。これも明確に何年と決められているわけではありませんが、私の個人的な目安では、亡くなる前後5～10年ずつ空けて購入売却をしたほうがいいでしょう。

経済合理性を示すにあたり、高齢過ぎないかという部分がポイントになります。目安としては、人の平均寿命から数えて何年前に購入しているかです。男性の場合、80歳が平均寿命ですので、70～75歳頃に購入していれば、6項を適用される可能性は低いかと思われます。

これからの節税対策の主流は小口不動産投資

ここまでタワマン節税の改正で、今後ますます相続税対策がしにくくなる現状について解説してきました。

また、2024年からは相続税・贈与税の改正が行われ、生前贈与による対策に一部制限が入ります。**駆け込みでの相続税対策を防止する観点から、これまでは亡くなる直前の3年間の生前贈与のみが無効とされていましたが、この期間が7年へと延びる**こととなりました。7年分の生前贈与が無効となるため、一日でも早くかつスピーディーに贈与していくことが必要です。この結果、今後の生前贈与による対策は、戦略がより一層重要になりました。

生前贈与もタワマン節税もふさがれてしまった現状において、今後は何も打つ手は

▶図13　小口不動産とは

数十億円単位の**都心のオフィスビルなど**一般の方が単独で購入することが難しい良い物件を1口100万円などに**細分化した不動産**

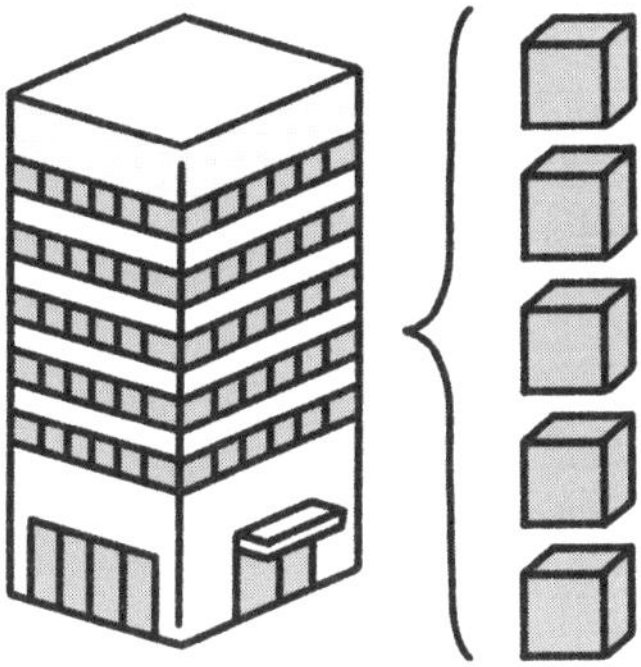

ないのでしょうか。実は残された最後の道があります。それは何かというと**小口不動産**です。小口不動産を活用した対策は、最後の相続税対策として今後主流となると、私は思っています。富裕層の一部は、既に小口不動産に投資し始めています。

ここでは、これからの主流となる小口不動産とはどういったものかを身近に考えていただけるように、その特徴や対策方法を説明します。

小口不動産とは、**数十億円単位の都心のオフィスビルなど一般の方が単独で購入することが難しい良い物件を、１口１００万円などに細分化した不動産です**（図13）。

最大のメリットは、**相続税評価額の引き下げ効果がある上に、生前贈与しやすい**点です。

これまで不動産は登録免許税などの移転コストが高く生前贈与には向いていませんでした。ですが小口不動産は、**その都度不動産登記をする必要がなく、登録免許税や登記費用などのコストがかからないため、生前贈与向き**と言えます。生前贈与するのであれば、預金ではなく小口不動産で行ったほうが圧倒的に得です。

そこで、2024年以降で私が最もおすすめする相続税対策は、**小口不動産の贈与**です。どのように対策をするか具体例を用いて説明します。例えば、預金1000万円を生前贈与したいと考えたとします。毎年100万円の贈与では10年かかりますが、小口不動産で贈与すると2年でスピーディーに行うことも可能です。

通常10年かかる贈与を、なぜ2年で行えるのでしょうか。それは小口不動産には、相続税評価額を引き下げる効果があるからです。**小口不動産は、一般の不動産と同様に評価されます。**よって、改正前のタワマン節税と同じような仕組みで、相続税評価額の引き下げを行えるのです。物件によりますが1000万円の小口不動産であれば、相続税評価額が約200万円まで下がるものもあります。引き下げた後の相続税評価額をもとに贈与できますので、1000万円ではなく200万円で贈与できます。よって10年かかる贈与を、2年に縮めることができるのです（図14）。

▶図14　スピーディーな生前贈与が可能に

		贈与	一般贈与財産
現金 	1,000万円	1,000万円 ×1回 → 100万円 ×10回 →	税金：177万円 (231万円) 税金：0円
小口不動産 	1,000万円→200万円 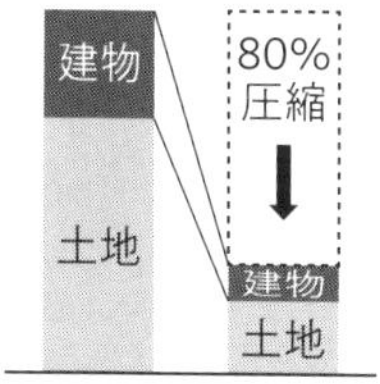	200万円 ×1回 → 100万円 ×2回 →	税金：9万円 税金：0円

また小口不動産を**贈与せずに、相続まで所有し続けても節税効果は大きい**と言えます。どの商品も実際の価格の約20〜30％まで相続税評価額を引き下げる効果があり、小規模宅地の特例（貸付事業用は200㎡まで50％オフ）によってさらに減額することも可能です。よって仮に5000万円分の小口不動産を購入すると、約1000万円まで下がりますので、税率30％の場合は1200万円の節税効果があります。

節税対策はもちろんですが、小口不動産が富裕層に選ばれる理由が三つあります。

①不動産投資をプロに丸投げできる

小口不動産は、**プロが独自ルートで仕入れ**

た好立地の高額優良物件に少額から投資できることが魅力の一つです。不動産投資で成功するためには、その地域に安定的な需要はあるのか、その価格が適正であるかなどの目利きできる上で、良い物件を紹介してもらえるつてがないといけません。

全てとは言いませんが、世の中に出回る簡単にアクセスできる物件は、不動産投資において良くないものがほとんどです。これらを聞いて「自分ではやっていける自信がないなあ」と思われたのであれば、間違いなく小口不動産が向いていると言えます。

小口不動産であれば、高額優良物件に少額から投資できます。このような不動産は一般の投資家にはなかなか出回りませんし、そもそも何十億円もする高額な不動産のため投資するのは困難です。まとまった投資額を持っておらず資金面の制約がある場合は、どうしても立地などの条件が悪い物件を購入せざるを得ません。

不動産投資のよくある失敗は、「予算的に手が届く範囲で物件を探す」という行動パターンが原因です。誰もが東京都内の人気エリアで手に入れたいと思っていますが、物件価格が高すぎて購入できません。結果的に条件面で妥協し、空室が発生して期待どおりの利益を得ることができないのです。ですが小口不動産であれば、予算面の制約で超優良物件が選択肢から外れることはありません。小口不動産は、不動産における最大の難点を解消できるのです。

また、小口不動産は物件の管理のみならず、将来の出口戦略もプロに委ねられます。小口不動産は、**不動産特定共同事業法の許可を受けた事業者が物件の運営管理を手掛けており、将来の売却も事業者が行います。**事業者は契約に定めた一定期間が経過すると、物件を一括売却して、その代金を割合に応じて投資家に支払います。

一般人が不動産の売却タイミングを計ることは、容易ではありません。小口不動産であれば、売却もプロに任せられるため安心できるのです。このように小口不動産は、プロの不動産投資に少額から相乗りでき、投資初心者の方でも気軽に試せるので多くの富裕層に選ばれているのです。

②不動産を家族で仲良く分けられる

小口不動産は、相続人の人数に応じて公平に分けることが可能です。相続税対策をするのであれば「相続人同士がいかに争わないように分けるか」という観点も重要です。1棟マンションで対策しようとすると、相続人同士で分け合うのは困難です。

１人の相続人が物件を引き継ぐ代わりに、他の相続人にはお金を支払う「代償分割」という方法があります。ですが代償分割で相続するには、不動産の価値に見合うお金を用意しなければなりません。お金を用意できず、その場しのぎで共有名義の相続をする家庭が多いのが実情です。

こうなると先々で売却するのか所有するのかで意見がぶつかり、家庭が壊れてしまうこともあります。**小口不動産であれば、口数ごとに売却もできますので、相続人それぞれが売却や所有の選択ができます。**

③分散投資が容易でリスクを軽減できる

小口不動産は、幅広い分散投資によって資産全体のリスクを軽減することができます。不動産投資のみならず、あらゆる投資にリスクはつきものです。リスクを軽減する方法の一つに分散投資があります。洪水や土砂災害に見舞われた際に物件が１か所だけだと、損害を１００％被ってしまいますが、10か所に分散所有していれば、被害は全体の10％だけで済みます。**小口不動産は物件ごとに少額ずつ投資することもできますので、場所の分散に適した不動産商品**と言えます。

また小口不動産は、時間の分散にも適しています。物件だけではなく、時間を分けて分散投資を行うことも重要です。不動産市場の動きを読むことは、プロでも困難です。ここ数年「来年こそは下がる」と言われてきましたが、むしろ毎年堅調に価格が上昇し続けています。「不動産市場が下落してから購入しよう」と思っても、そのタイミングがいつ訪れるかは誰にも分かりません。

そこで時間の分散が重要です。一度に購入するのではなく、少額ずつタイミングを分けて不動産を購入することで、価格変動リスクを軽減することができます。時間分散を行うにも、小口不動産が適しているのです。

他にも小口不動産は、複数の入居者に貸し出している物件が投資対象となっているものを選ぶことで、空室リスクの分散効果があります。例えば、ワンルームマンションは空室が発生すると家賃は1円も入ってきません。ですが、1棟マンションであれば1部屋空室が出ても全体から見れば少ない割合で済みますので、空室リスクを分散できます。このように小口不動産であれば、空室リスクを分散することも容易です。

小口不動産にもデメリットはある！物件選びの2つのポイント

小口不動産のデメリットは、対象不動産の選定が困難である点です。小口不動産は、「銀座」や「表参道」などの一等地にあるものも多く、一見いい物件に見えます。ですが、こういったものに騙されてはいけません。世の中に出回っている小口不動産の多くは、投資すると損してしまう可能性が高いのです。

なぜなら多くの小口不動産は、事業者が投資家に販売する際に多くの利益を抜いているものが大半だからです。どういうことかを具体的に小口不動産の組成～売却の流れを見ながら説明します。

流れは次の通りです（図15）。

▶図15　任意組合型のしくみ

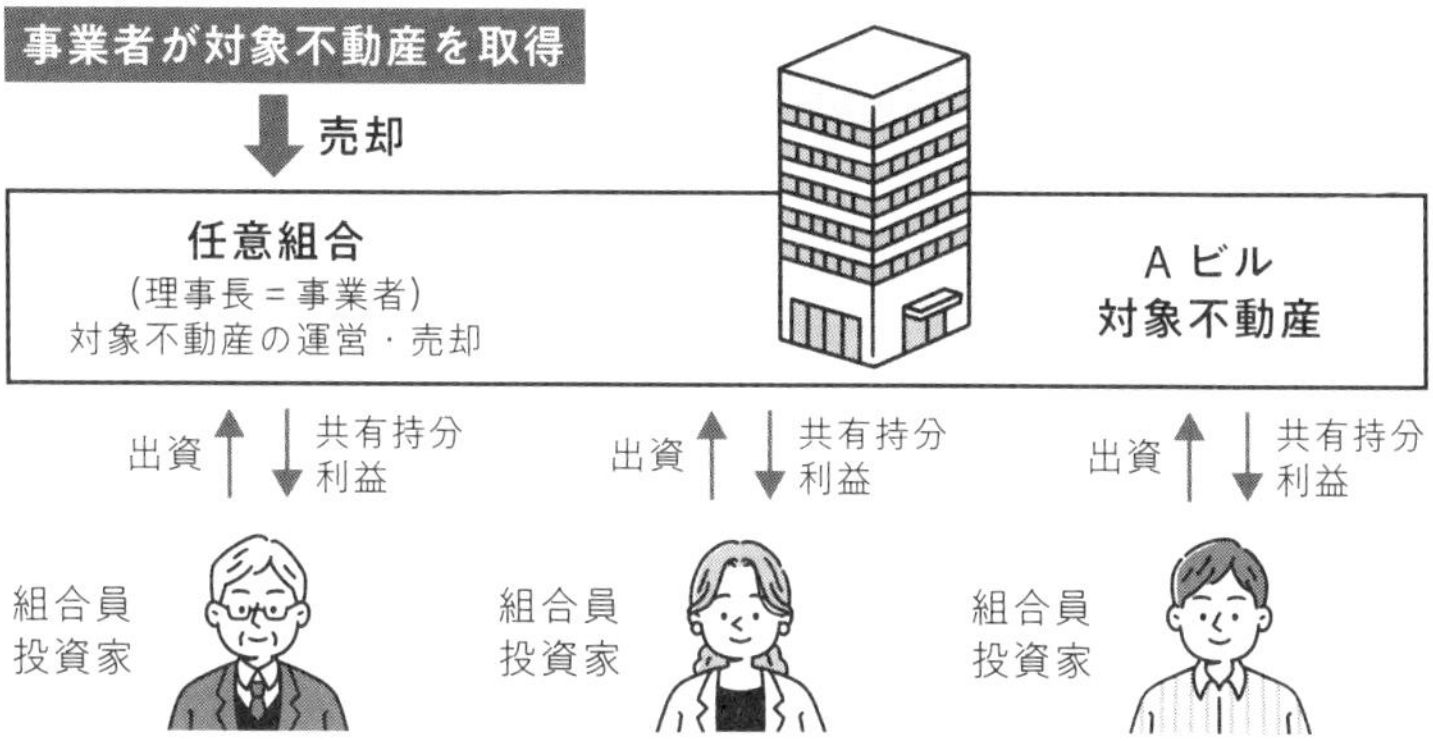

事業者が投資家へ販売する際に利益を取っている

1. 事業者が不動産を仕入れる
2. 事業者が投資家（任意組合）に向けて販売する
3. 事業者が日々の運営管理をする
4. 事業者が10～15年の運用期間を経て売却する

事業者は、投資家へ小口不動産を販売する際に利益を抜いていることが多くあります。例えば、事業者が10億円で不動産を仕入れたとします。本来は事業者がこれを投資家にも10億円で販売するのが筋ですが、15億～20億円で投資家に販売している物件がほとんどなのです。本来10億円のものを20億円で掴まされてしまったら、将来売却する際に損をするのは目に見えています。

「そんな物件には騙されないよ」と思われるかもしれませんが、このような悪い物件でも続々と売れてしまっているのが現状です。なぜなら相続税対策のために購入する方が増えているからです。相続税を下げることに目を向けすぎて、不動産投資の面を軽視しているのです。評価額の圧縮率ばかりに気を取られて、肝心の運用に目を向けていないのは本末転倒です。

不動産投資で損をするとは、「将来の売却額」＋「毎年の賃料の合計」が投資額よりも下回ってしまうことです。よって小口不動産を選ぶ際は、次の二つのポイントに気をつける必要があります。

①将来の売却額が投資額よりも高くなるかどうか
②毎年の賃料が安定的に入るか

将来の売却額が投資額よりも高くなる物件を選ぶためには、**投資する小口不動産の価格が高すぎないかを見極めることが必要**です。

不動産の価格がどのように決まるかご存じでしょうか。近隣の価格を基準にしたり、公示価格を参考にしたりと算定方法は様々あります。小口不動産のような収益物件の場合、不動産の価格は**「賃料による利益÷利回り」**で決まります。この方法で求めた理論価格と実際の投資額とを比べ、物件の価格が高すぎないかを見極めるのです。

また毎年の賃料が安定的に入る物件を選ぶことが重要です。なぜなら収益不動産の価格は「賃料による利益÷利回り」で決まるので、将来の売却額が高くなるかどうかは、賃料が安定的に入るかにかかっているためです。

賃料が安定的に入る物件を選ぶコツは、**賃料を相場に比べていくらで設定しているかを確認する**ことです。もちろん地域や立地周辺の環境などをきちんと調べ、安定的な賃貸需要を期待できる物件に的を絞ることが先決です。ですがより重要なのが賃料をいくらで設定しているかです。

賃料は現時点で相場に比べて低い物件を選ぶといいでしょう。一見賃料が低いほうが悪いように思えますが、賃料が低いと将来的に高く更新できる余地があるため、物件価格が今よりも上昇しやすいのです。逆に賃料が高いと、将来的に賃料が値下がりしてしまうリスクや空室リスクもありますので、周りの相場と比べて賃料を低くしている物件を選定するといいでしょう。

ただしこういった物件を、一般の投資家が探すのは難しいことです。私は、今では相続税対策の新常識として小口不動産をお客様にご提案することも増えてきましたが、元々は不動産投資に対してネガティブな印象を持っていました。なぜなら不動産投資は、不確実要素が多くお客様が損をする可能性が高いためです。

ですが、小口不動産を査定できる不動産鑑定士の方と提携してからは、自信をもってお客様に物件をご提案できるようになりました。市場調査をきっちり行う不動産鑑定士と連携し、物件を選定した上でお客様にご紹介しています。提携している鑑定士の方はかつてＪ－ＲＥＩＴの運営などに携わっていて、不動産鑑定士の中でも特に小口不動産のような物件の投資判断に長けています。

既に小口不動産をお持ちの方には、所有物件の診断をし、不動産の組み替えのご提案などもしています。損をするような物件を掴まされている方も多いので、そういった方のサポートにも乗っています。

一般的には、物件の価値をどのように評価したのかをきちんと説明してくれるところは、信用度が高いと言えます。その際、どのようなテナントが入っているのか、賃料が適正かどうか、空室発生見込みはないか、といったこともヒアリングするといいでしょう。

事業者のレポートで鑑定評価額を算出しているところもありますが、鑑定価格は不動産鑑定士のさじ加減でいかようにもできます。事業者と利害関係のない第三者の立場として、不動産鑑定士が価値を算定してくれる所は信頼できると思います。

最後に、小口不動産は税務署から否認されるリスクはないのかという点です。私見としては原則、問題ありません。もちろん亡くなることが分かっていて直前に数千万～数億円の物件を購入する場合や、亡くなった直後に売却する場合は、否認されるリスクは非常に高いです。ですが小口不動産は、借金はできず自己資金で購入しなければならないという性質上、税務署から否認されにくいと言えるでしょう。

とはいっても、圧縮率の高さに飛びついて小口不動産を購入してしまい、結果的に不動産投資で損が出てしまうと、税務署から「これは相続税対策が主な目的である」と見られる可能性が高まります。よって税務署から否認されないためにも、不動産投資としてきちんと利益の出る物件を選ぶ必要があるのです。

小口不動産は、借金ができないという特性上、相続税対策として利用できるのは金融資産を潤沢に持っている方に限られます。もちろん投資なので、損をするリスクもあります。それでも、リスク対策を取った上で取り入れれば、小口不動産は相続税の節税対策に有効だと考えます。

第4章

生前贈与の「基本とひねり技」

贈与税はいくらかかる？基本的な贈与税の計算を押さえよう

生前贈与は効果が大きく手軽にできるので、相続税対策の中でも普及しています。**長い期間をかけてコツコツと子供や孫へ財産を移すことで、財産を減らす効果があります。**

例えば、遺産が1億円で相続人1人の方が対策をせずに亡くなると、相続税は1220万円かかります。ですが仮に孫に毎年100万円の贈与を10年間行うと、相続税は920万円で済むのです。このように生前贈与は相続税対策を検討される方にとって外すことはできません。

ただし、**年間110万円を超える贈与には、贈与税がかかります。**贈与とは、人から人へ金銭や物品などのプレゼントをいいます。子供にお年玉を渡すのも、夫から妻

▶図16　贈与税（暦年課税）の速算表

基礎控除後の課税価格	特例贈与		一般贈与	
	税率	控除額	税率	控除額
200万円以下	10%	—	10%	—
200万円超〜300万円以下	15%	10万円	15%	10万円
300万円超〜400万円以下			20%	25万円
400万円超〜600万円以下	20%	30万円	30%	65万円
600万円超〜1,000万円以下	30%	90万円	40%	125万円
1,000万円超〜1,500万円以下	40%	190万円	45%	175万円
1,500万円超〜3,000万円以下	45%	265万円	50%	250万円
3,000万円超〜4,500万円以下	50%	415万円	55%	400万円
4,500万円超	55%	640万円		

贈与税額＝基礎控除後の課税価格×税率－控除額

へ指輪を贈るのも贈与にあたります。年間110万円の「年間」とは、その年の1月1日から12月31日までの期間を指します。年間110万円を超える贈与を受けると、その人は翌年2月1日から3月15日までの間に贈与税の申告をしなければなりません。贈与税の税率は、10%〜55%となっています。税率は18歳以上の子供か孫へ贈与する特例贈与と、それ以外の一般贈与とで変わります（図16）。

300万円をもらった場合、贈与税はいくらかかるでしょうか。答えは19万円です。計算の流れは、まず300万円から贈与税の基礎控除110万円を差し引き、190万円とでます。次にこの19

0万円を税率表に当てはめて計算します。18歳以上の子や孫に贈与する場合とそうでない場合とで税率が違ってきます。190万円の場合、税率10%なので贈与税は19万円となります。

合法的に贈与税がかからない裏技3選

子供や孫に金銭的な援助をしてあげたいと思う一方で、贈与税は払いたくない場合に次の三つの方法を使うと贈与税はかかりません。

①子供や孫に生活費や教育費を必要な都度援助する

子供や孫の生活費や教育費を必要な都度援助してあげることで、毎年110万円以上の贈与を非課税で行うことができます。「年間110万円以内の生前贈与であれば、贈与税がかからない」というのは広く知られていますが、この「生前贈与」には一定の範囲があります。

実は、**両親や祖父母から生活費や教育費をその都度援助してもらう場合に、贈与税**

はかかりません。これらの援助も「贈与」ではありますが、「贈与税の課税対象」とはなりません。よって毎年行う110万円の生前贈与に加えて、生活費や教育費の贈与を非課税で行うことも可能です。生活費や教育費をその都度援助する場合は、毎年110万円以上の財産を次の世代に贈与できます。

非課税となる生活費や教育費の範囲は次の通りです。

・**生活費**……仕送り（家賃、食費、日用品、家電購入費など）、医療費、結婚式や披露宴の費用、婚姻時の家具などの購入資金、出産時の検査代や入院費など

・**教育費**……学費、教材費、文具費、通学費、修学旅行費、学習塾の費用、受験料、留学費用

おそらく、あなたも両親からこれらの生活費や高校・大学の入学費用を支払ってもらったのではないでしょうか。「生活費や教育費の援助は非課税」という決まりによって、贈与税がかからずに済んでいたのです。

また、この生活費や教育費のその都度の贈与が非課税になるのは、子供や孫に限ら

れず親戚でも条件を満たせば贈与できます。
対象者は大まかに次の通りです。

1. 配偶者
2. 自分と血のつながった家族
3. 兄弟姉妹
4. 同居している親戚

これらは「扶養義務者」と定義されています。所得税の計算をする際の扶養親族などとは異なり、それぞれの家族の収入によって条件から外れるということはありません。

生活費や教育費をその都度援助する場合は、贈与税が非課税です。ただし、**前もって数年分の援助をした場合には贈与税がかかります。**贈与をその都度行わなければ非課税にはなりません。

例えば大学入学費用に２００万円必要なのであれば、２００万円を贈与する必要があります。仮に５００万円を贈与してしまうと、差額の３００万円は使い切れずに手元に残り、この部分が贈与税の課税対象となってしまうのです。２００万円しか教育費がかからないのに、大学入学祝いだからと５００万円を渡してしまうと、余った３００万円に対して19万円の贈与税がかかりますのでご注意ください。**生活費や教育費は、その都度援助することが重要**です。

他にも常識の範囲を超えた高額な援助をしている場合は、生活費でも非課税とはなりません。相続税法は、生活費または教育費に充てるためにもらった財産のうち、「通常必要と認められるもの」が非課税であると定義しています。

さらに相続税法基本通達で、通常必要と認められるものとは「もらう側がどれくらいその財産が必要だったか、あげる側がどれくらい経済的に恵まれているかを考慮した社会通念上適当と認められる範囲の財産」と定義しています。

言い換えると、いくらからが高額な援助かといった明確な線引きはなく「常識の範囲で考える」としています。この常識の範囲を特定することが難しく、実務をやっていても頭を悩ます部分です。超富裕層ともなれば月々の生活費が数百万円ということもあり得ますので、人によって金額は様々です。

生活費の援助が非課税となるかどうかは、もらう側がどれくらいその財産を必要としていたかを重視します。仕事を持っていてご自身で生活できる力がある方であれば、生活費の援助がなくても問題ありませんので非課税とはなりません。ただし援助する相手が学生のお孫さんであれば、自身で生活することは難しく援助が必要と考えられますので、毎月20万円ほどの仕送りであれば認められることになります。

②親が買って、子供にタダで使わせる

親からタダで借りることで、贈与税がかかりません。**家や車など子供が欲しいものがあったら親に買ってもらい、タダで使わせてもらえばいい**のです。こうすれば税金はかかりません。

ただし、**子供が欲しいものを親から金銭の援助を受けて子供が購入してしまうと、金銭の援助に対して贈与税がかかります。**例えば300万円の車を欲しい子供が、親から300万円をもらって車の購入をしたとします。こうなると300万円は親から子供への贈与となり、19万円の贈与税がかかります。

また子供が親から３００万円を借りて購入する場合も、「貸付金」として親の相続税申告に反映させる必要があります。定期的に返済していれば問題ありませんが、親子間のお金の貸し借りは契約書などを作成していないこともあります。３００万円のやり取りが「貸し借り」ではなく「贈与」と見られた場合には、贈与税がかかる場合もあります。税務調査では、このような親子間のお金のやり取りを厳しくチェックしますので、思わぬ追徴課税がなされるケースもあります。

これらを回避するために、「親が車を購入して、タダで子供に貸してあげる」のです。親は単に自分の車を子供にタダで貸しているだけなので、贈与にも金銭の貸し借りということにもなりません。

このやり取りは、親子間であればごく自然ですので、税務署からとやかく言われることはありません。言ってしまえば、親の実家に子供が住んでいるのも、親の財産をタダで借りていることに他なりません。よって何ら問題にはならないのです。

親に買ってもらった場合には、**親の相続税申告に車を計上する必要がありますが、車であれば年数の経過に応じて価値が減少していくため、金額を低く抑えられます。**

子供への貸付金だと３００万円をそのまま相続財産に入れなければなりませんが、車であれば0円で済むこともあります。

③110万円以内で贈与

相続税対策の王道は、110万円の生前贈与です。**110万円というのは贈与税の基礎控除の金額で、この金額を超えなければ贈与税申告も必要なく、贈与税もかかりません。**

では両親2人から110万円ずつをもらうと、贈与税はいくらかかるでしょうか。答えは11万円です。ここで「110万円以内だったら税金はかからないでしょ」と思われたかもしれません。確かに年間の贈与が基礎控除である110万円を超えなければ贈与税

はかかりません。

ただし気をつけないといけないのは、この**110万円の判定はあげる人ではなく、もらう人ごとで判定をします**。両親から110万円ずつもらうと合計220万円となり、基礎控除の110万円を超えてしまいます。

贈与税の計算は、まず220万円から基礎控除110万円を差し引き、次に税率を乗じて行います。110万円だと税率は10%ですので、110万円×10%で贈与税は11万円となります。この勘違いによって贈与税の申告を失念してしまう方が一定数はいます。

では、今度は父から孫3人へそれぞれ110万円ずつ、計330万円の生前贈与をした場合はどうなるでしょうか。この場合、贈与税はかかりません。孫たちはそれぞれ110万円の範囲でもらっているので贈与税はかかりません。110万円しか贈与できないのではなく、**なるべく多くの人へ贈与することで110万円を超えた生前贈与を効率的に行うことができます**。

生前贈与の適正額は人によって異なる

相続税対策の王道と言われるくらい、毎年110万円以内の生前贈与は普及しています。ですが、実はあなたの場合、適正額は110万円ではないかもしれません。

110万円というのは贈与税の基礎控除の金額で、この金額の範囲内で贈与をすれば贈与税はかかりません。贈与税がかからないということは、贈与税の申告も必要ないし、納税もする必要がなく、手間なく生前贈与の対策ができるので、110万円の生前贈与は一見正解のように思えます。

ですが、110万円は生前贈与の適正額ではありません。**人によっては310万円や510万円といった110万円を超える生前贈与をしたほうが、より節税できるのです。**

なぜ110万円を超える生前贈与が得になるのか、事例ごとに生前贈与の適正額を解説します。今後いくらで贈与すると最も得になるのか、あなたにとっての適正額が分かります。

論より証拠で、財産が1億円ある方が、孫に110万円の贈与をした場合と310万円の贈与をした場合、それぞれどのくらい税負担が変わるか見てみましょう。相続人は子供1人と仮定します。

まず、110万円の場合です。この方が生前贈与せずに亡くなった場合に相続税は1220万円かかります。もし110万円を孫に贈与した場合は、手元の財産が9890万円となり、相続税は1187万円となります。110万円の贈与によって相続税が減少し、33万円節税できました。

では、この方が310万円を贈与した場合は、どうなっていたでしょうか。310万円を孫へ贈与すると手元の財産が9690万円となり、相続税は1127万円となります。310万円を贈与すると贈与税が20万円かかるものの、相続税は93万円も減少します。73万円の節税となり、結果的に310万円を贈与したほうが得になることが分かります。

▶図17　相続税の税率と適正贈与額

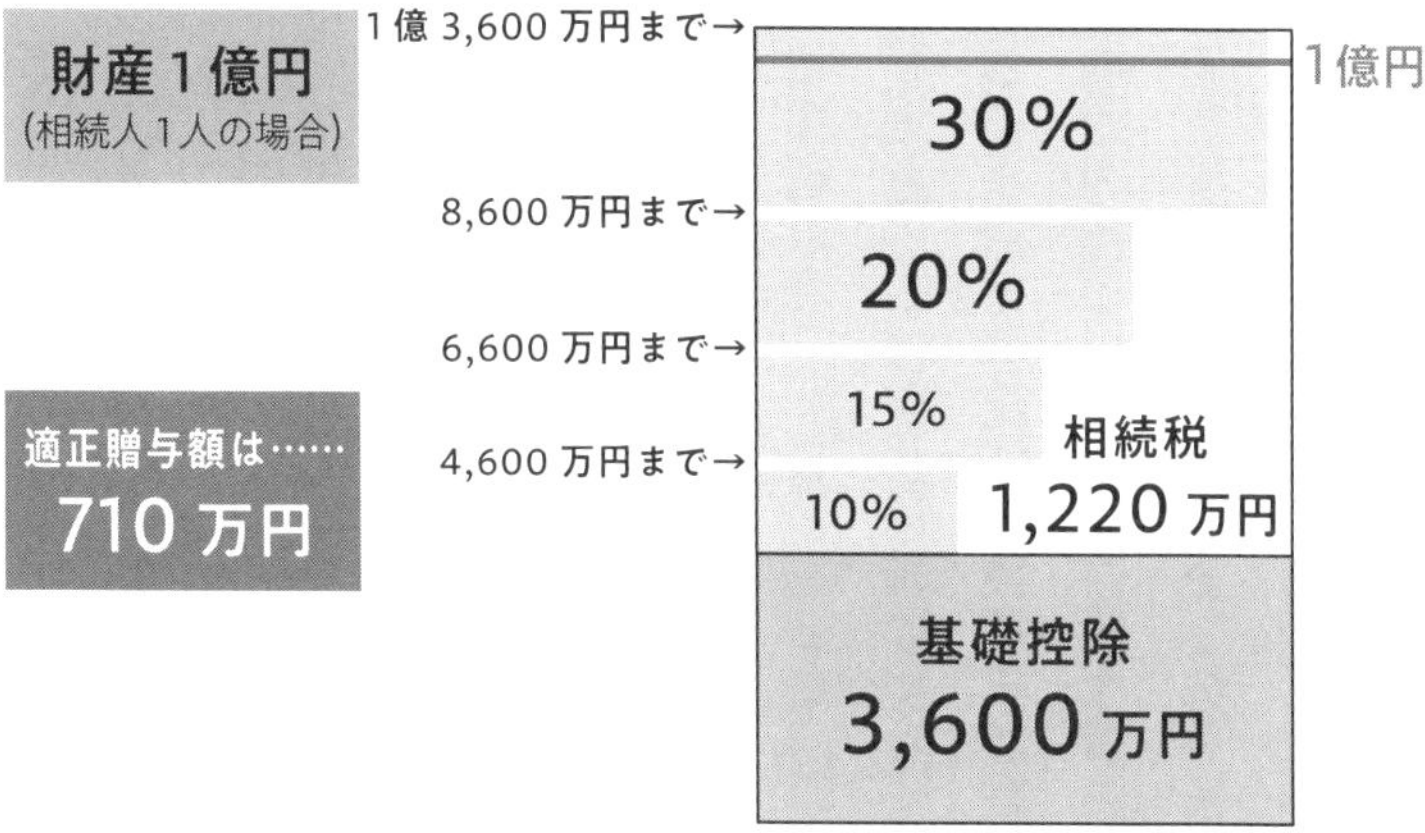

　このように、一定の相続税がかかる方にとって１１０万円は適正額ではなく、贈与税を支払ってでも１１０万円を超える贈与をしたほうが得になります。

　ちなみにこの方の場合、適正贈与額はいくらだったのでしょうか。結論は、７１０万円です（図17）。孫へ７１０万円を贈与すると、手元の財産が９２９０万円となり、相続税は１００７万円となります。贈与税は90万円かかりますが、相続税が２１３万円減少し、結果的に１２３万円も節税できます。３１０万円贈与した場合と比べても、さらに50万円の効果がでました。

　ではこの適正贈与額はどのように決まるのでしょうか。それはずばり相続税の税率です。税率は10～55％まであります。この**相続税の税率のどの部分に当てはまるかによって、生前贈与の適正額が決まります。**

税率別の生前贈与の適正額は図18の通りです。相続税の税率が、10％の場合110万円、15％の場合310万円、20％の場合510万円、30％の場合710万円、40％の場合1110万円、45％の場合1610万円といった具合です。これは18歳以上の子供や孫に贈与する場合の適正額で、それ以外の方へ贈与する場合は少し異なります（図19）。

相続税の税率は、財産額や相続人の人数によって変わりますので注意が必要です。**相続税の税率表**（23頁、図2参照）**には、単に財産額がいくらかで当てはめるのではなく、遺産から相続税の基礎控除である3000万円＋600万円×法定相続人の数を差し引き、その後法定相続分で割り振った額を当てはめます。**

先ほどの方の場合は、財産1億円から相続税の基礎控除である3600万円（3000万円＋法定相続人の数1人）を控除し、法定相続分1／1を乗じると6400万円となります。6400万円の場合、税率は30％のため適正贈与額は710万円となるのです。

仮にこの方にもう1人子供がいて相続人が2人の場合はどうなるでしょうか。財産1億円から相続税の基礎控除である4200万円（3000万円＋法定相続人の数2人）を控除し、法定相続分1／2を乗じると2900万円となります。2900万円の場合、税率は15％に下がりますので、適正贈与額は310万円となります。このように財産額が変わらなくても、相続人の人数によって適正贈与額は変わるのです。

また気をつけなければならないのは、生前贈与を続けて財産額が減少していくと、適正贈与の額も変わっていくという点です。先の通り、税率は財産額と相続人の人数によって決まるので、生前贈与が順調に進み財産が減ると適正贈与額も変わるのです。

先ほどの方を例にすると、最初は710万円の贈与で問題ありませんが、3年目に差し掛かると財産が1億円から710万円×2回分を差し引いた8580万円まで減ります。それから基礎控除額3600万円を差し引くと、4900万円となり税率が20％になりますので、適正贈与額は510万円に下がります。

相続税対策は他にも、自宅の評価が80％引きになる小規模宅地の特例や生命保険、不動産購入といったものもあり、これらによって相続税の課税対象額が下がることもあります。

7,100,000		11,100,000		16,100,000	
900,000		2,100,000		4,100,000	
相続税減少額	節税効果	相続税減少額	節税効果	相続税減少額	節税効果
710,000	-190,000	1,110,000	-990,000	1,610,000	-2,490,000
1,065,000	165,000	1,665,000	-435,000	2,415,000	-1,685,000
1,420,000	520,000	2,220,000	120,000	3,220,000	-880,000
2,130,000	**1,230,000**	3,330,000	1,230,000	4,830,000	730,000
2,840,000	1,940,000	**4,440,000**	**2,340,000**	6,440,000	2,340,000
3,195,000	2,295,000	4,995,000	2,895,000	**7,245,000**	**3,145,000**
3,550,000	2,650,000	5,550,000	3,450,000	**8,050,000**	**3,950,000**
3,905,000	3,005,000	6,105,000	4,005,000	**8,855,000**	**4,755,000**

5,100,000		7,100,000		11,100,000	
550,000		1,150,000		2,750,000	
相続税減少額	節税効果	相続税減少額	節税効果	相続税減少額	節税効果
510,000	-40,000	710,000	-440,000	1,110,000	-1,640,000
765,000	215,000	1,065,000	-85,000	1,665,000	-1,085,000
1,020,000	470,000	1,420,000	270,000	2,220,000	-530,000
1,530,000	**980,000**	2,130,000	980,000	3,330,000	580,000
2,040,000	1,490,000	**2,840,000**	**1,690,000**	4,440,000	1,690,000
2,295,000	1,745,000	3,195,000	2,045,000	**4,995,000**	**2,245,000**
2,550,000	2,000,000	3,550,000	2,400,000	**5,550,000**	**2,800,000**
2,805,000	2,255,000	3,905,000	2,755,000	**6,105,000**	**3,355,000**

▶**図18　18歳以上の子や孫に対する贈与**（単位：円）

贈与額	1,100,000		3,100,000		5,100,000	
贈与税	0		200,000		500,000	
最高税率	相続税減少額	節税効果	相続税減少額	節税効果	相続税減少額	節税効果
10%	**110,000**	**110,000**	310,000	110,000	510,000	10,000
15%	165,000	165,000	**465,000**	**265,000**	765,000	265,000
20%	220,000	220,000	620,000	420,000	**1,020,000**	**520,000**
30%	330,000	330,000	930,000	730,000	1,530,000	1,030,000
40%	440,000	440,000	1,240,000	1,040,000	2,040,000	1,540,000
45%	495,000	495,000	1,395,000	1,195,000	2,295,000	1,795,000
50%	550,000	550,000	1,550,000	1,350,000	2,550,000	2,050,000
55%	605,000	605,000	1,705,000	1,505,000	2,805,000	2,305,000

▶**図19　図18以外の人に対する贈与**（単位：円）

贈与額	1,100,000		3,100,000		4,100,000	
贈与税	0		200,000		350,000	
最高税率	相続税減少額	節税効果	相続税減少額	節税効果	相続税減少額	節税効果
10%	**110,000**	**110,000**	310,000	110,000	410,000	60,000
15%	165,000	165,000	**465,000**	**265,000**	615,000	265,000
20%	220,000	220,000	620,000	420,000	**820,000**	**470,000**
30%	330,000	330,000	930,000	730,000	1,230,000	880,000
40%	440,000	440,000	1,240,000	1,040,000	1,640,000	1,290,000
45%	495,000	495,000	1,395,000	1,195,000	1,845,000	1,495,000
50%	550,000	550,000	1,550,000	1,350,000	2,050,000	1,700,000
55%	605,000	605,000	1,705,000	1,505,000	2,255,000	1,905,000

よって生前贈与の適正額を算定するために、生前贈与は相続税対策の中でも最後にやるべきなのです。第1章でも説明した通り、**先に他の対策でできることを終えてから、生前贈与を行うと最も効率的に対策ができます。**

ここまで説明した内容が、最短で生前贈与の効果を出そうとする場合の方法で、多くの方にとって生前贈与の適正額となります。ただし生前贈与は、贈与する方の年齢や贈与する相手の人数によっても戦略が変わります。**①40～50代から生前贈与を始めるような期間を長く取れる方、②子や孫の人数が多い方は、毎年の生前贈与の額を下げたほうが贈与税を抑えて贈与できるので、より効率的です。**

例えば先ほどの710万円を贈与して相続税を213万円節税した事例において、贈与期間を4年、さらに孫2人に贈与できた場合はどうなるでしょうか。4年かけて2人へ合計710万円贈与するためには、それぞれの孫に毎年88万7500円を贈与すればいいので、110万円以内の範囲で贈与税をかけずに生前贈与をして節税することも可能です。

このように**生前贈与は、期間をどれくらい取れるか、贈与できる相手が何人いるかによって方法も変わる**のです。**よって一日も早く生前贈与は始めるほうが得**です。

一方で生前贈与を行うと、「そんなに多額の贈与をして子供が働かなくなってしまわないか」「自分の老後資金がなくなってしまわないか」「お金を生前に全てあげてしまったら、子供が面倒を見てくれなくなってしまうのではないか」と心配される方もいるかと思います。

そういった方の場合は、無理せず110万円の生前贈与を行うことでも問題ありません。税理士の責務として、「最も節税になるのはこういったやり方ですよ」ということをお伝えしていますが、私個人としては最終的にはご家族のみなさんがストレスなくご納得いただける形で行うことをおすすめしています。1円でも税金を下げたいという方もいれば、税金は度外視してできるだけ家族円満に波風を立てずに進めたいという方もいます。家族のご意向によって柔軟に対応することがベストです。

このような「生前贈与をするとご自身の将来の生活資金がなくなって不安」というお悩みを解消できるように、私が生前贈与の提案をする際は、将来20〜30年後を見据えたライフプラン設計も一緒に行います。これによって将来のお金の流れが分かるので、生前贈与を検討する場合は、将来の生活設計もセットで考えてくれる専門家に相談されることをおすすめします。

7年分の贈与が無効に!?生前贈与の新ルールを押さえよう！

2024年1月1日以降に行う贈与から、生前贈与に関するルールが変わりました。メディアでも多く取り上げられていたので、ご存じの方も多いでしょう。今回の改正は「増税」の部分がクローズアップされる傾向があり「これから生前贈与は相続税対策として使えないのか」と思われた方もいると思います。

ですが、実はその認識は間違っています。正しい方法で適切に対策ができれば、むしろ今までよりも節税しやすくなるのです。

そこで、この税制改正で相続税と贈与税がどう変わったのか、またどのような方法で対策をすれば今よりもさらに節税できるのかを説明します。これらをきちんと実行することで、数百万円や数千万円節税することも可能です。

今回の改正で変わったのは大きく次の2点です。

①生前贈与の加算期間が3年から7年へ

②相続時精算課税制度に毎年110万円の非課税枠が新設

これら二つを軸に詳しく説明します。

まずは、**「7年内加算」**についてです。

2024年1月1日以降に行う贈与から、亡くなる直前7年間の贈与は無効となります。これまでは3年内加算でしたが、この期間が7年へと延長されたのです。7年内加算を押さえるにあたっては、改正前の3年内加算のルールを押さえる必要があります。

3年内加算とは、亡くなる直前3年分の贈与は全て無効にしますよという制度です。コツコツ贈与してきても、3年分は無効とされてしまうのです。例えば亡くなる3年前に1億円ある方が、毎年300万円ずつ子供へ生前贈与していたとします。300万円贈与すると、19万円の贈与税がかかります。

そして亡くなる頃には、1億円から900万円（300万円×3年分）を引いた9

▶図20　3年内加算のルール

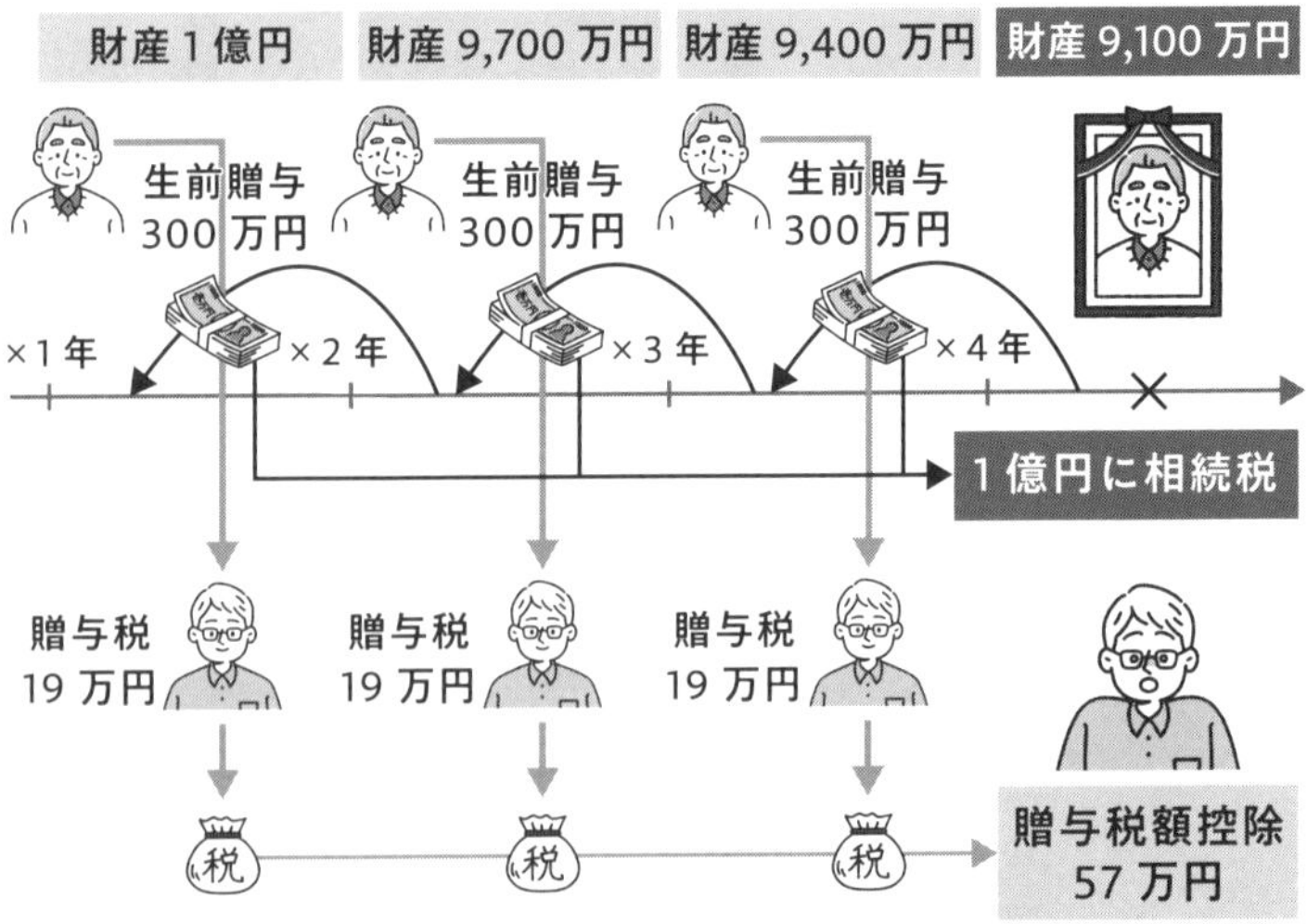

100万円が手元に残ります。通常は亡くなる際に持っていた9100万円に対し相続税を支払えばいいですが、3年分の贈与は全て相続税の計算に戻さなければならない決まりになっています。

一方で支払った贈与税57万円（19万円×3年分）は支払う相続税から控除される流れとなっていますので、二重課税にはなりません。結果的に生前贈与をしてもしなくても、相続税は変わらなかったということです。これが現行の3年内加算の制度です（図20）。

生前贈与の無効期間が3年から7年へと延長されますが、**これまで行って**

▶図 21　2024 年 1 月 1 日の生前贈与から 7 年内加算へ

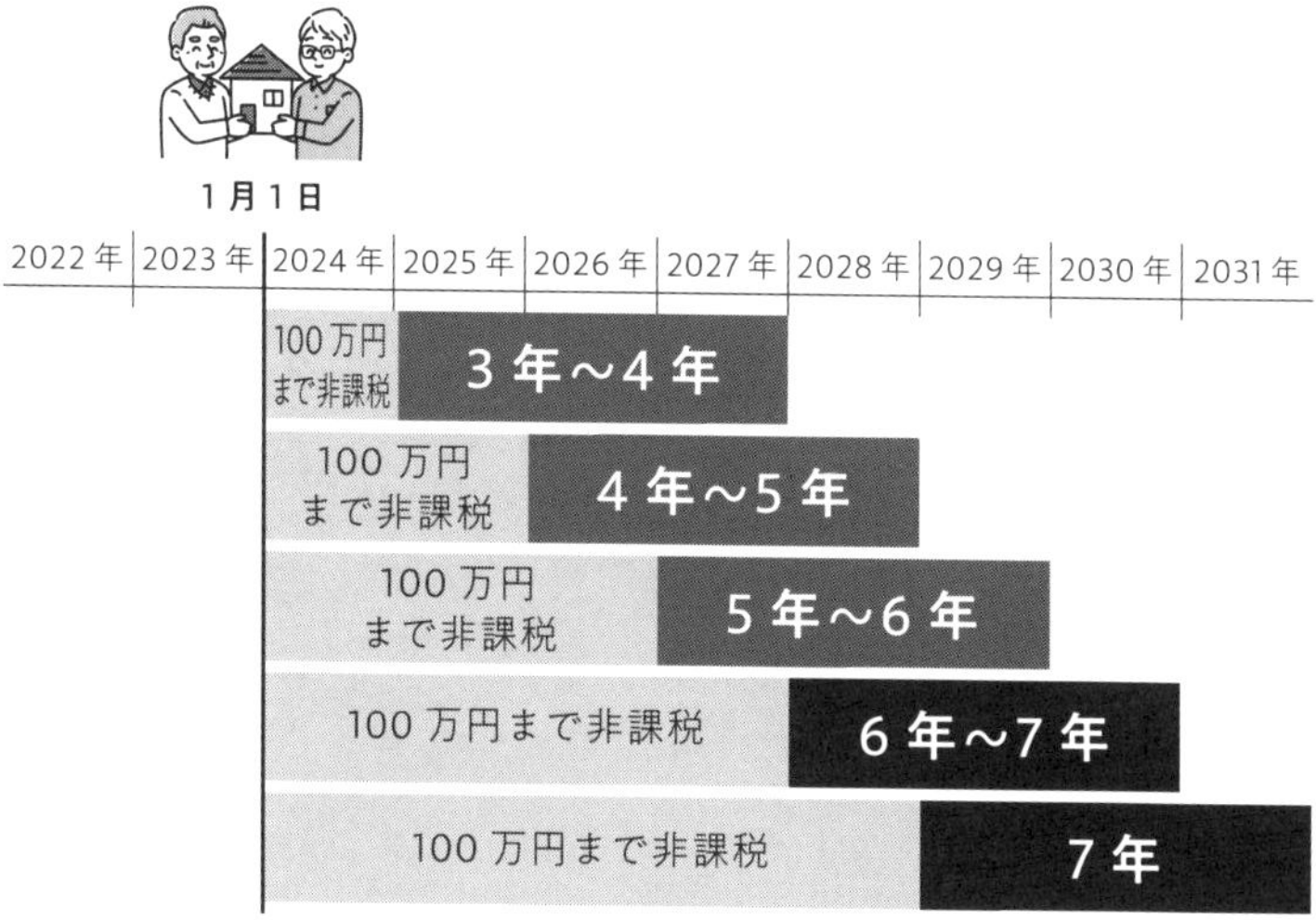

2024 年 1 月 1 日からの贈与に新ルールが適用されるため、
2027 年 1 月 1 日以降に発生する相続に影響が出る

きた贈与が遡って無効になるわけではありません。どのような流れになるかを図21で見ていきましょう。

まず結論は、**２０２４年以降の贈与が７年内加算の対象となります。改正の影響が初めて出るのは、２０２７年以降に亡くなる方です。**

例えば、２０２７年７月１日に亡くなる場合は、２０２４年１月１日から亡くなる日までの約３年６か月の期間にされた贈与を、相続税の計算に戻さなければなりません。改正前であれば３年分（２０２４年７月１日～２０２７年７月１日）の贈与のみが対象でしたが、これが２０２４年１月１日以降となり改正の影響が出るのです。よって２０２７年中に亡くなる場合は３～４年間の加算となります。

同じように２０２８年に亡くなる場合は４～５年内加算、２０２９年は５～６年内加算、２０３０年は６～７年内加算と増えていき、最終的に２０３１年以降に亡くなる場合に７年間加算されます。

よって２０２４年１月１日に行った贈与は、２０３１年１月２日以降まで存命だった場合に初めて日の目を見ることになります。生前贈与をして７年経過して初めて相続税の計算に加算せずに済むのです。

ちなみにうすいグレーの「１００万円まで非課税」の部分は、２０２７年に亡くなる場合は０～１年間のように、これまでの３年内加算からはみ出た部分を指します。この期間に贈与した額の合計額から１００万円を控除できることになっています。ただし毎年１００万円ではなく、合計額から１００万円控除できるだけなのでご注意ください。

生前贈与は孫を優先すると得！

法改正後も、生前贈与は孫へ優先的に行うと得です。なぜなら**孫は7年内加算から除外されるからです。**

生前贈与が亡くなる直前の7年分が無効となってしまうわけですが、実は対象外となる場合もあります。**7年内加算の対象者は、「相続もしくは遺言で財産をもらう人」と定義されています。**言い換えると、7年内加算は亡くなって財産を引き継ぐ方が対象です。財産を引き継ぐのは、基本的に相続人であるため孫は除外されるというわけです。

ただし次の4つのケースに当てはまると、孫であっても7年内加算の対象となります。

①孫の親（祖父母から見たら子供）が先に亡くなっている
②祖父母が孫を養子にしている
③孫が遺言で財産をもらう
④孫が生命保険を受け取る

これら4つのケースは、「相続もしくは遺言で財産をもらう」に該当するため、孫であっても7年内加算の対象となるのでご注意ください。

相続時精算課税制度に１１０万円の非課税枠が誕生！

２０２４年１月１日以降の贈与から、相続時精算課税制度に毎年１１０万円の非課税枠が新設されました。この改正は、今後の生前贈与がガラッと様変わりするほどのインパクトがあります。

贈与には、７年内加算で説明した「暦年贈与」と「相続時精算課税制度」の二つの方法があり、このどちらかを選択することになっています。これまでは毎年１１０万円の暦年贈与を行う方が全体の９割以上でした。

ですが、**２０２４年以降は、相続時精算課税制度を使うほうが多くの方にとって有利**となります。後ほど詳しく解説しますが、**相続時精算課税制度を使うことで、人によっては今までの非課税枠を１１０万円から２２０万円に倍増させることも可能にな**

▶図 22　相続時精算課税制度

2,500 万円まで贈与税は課税されないが、贈与者が死亡したときに、贈与した財産も手元にあるものとみなして、相続税を計算する特例

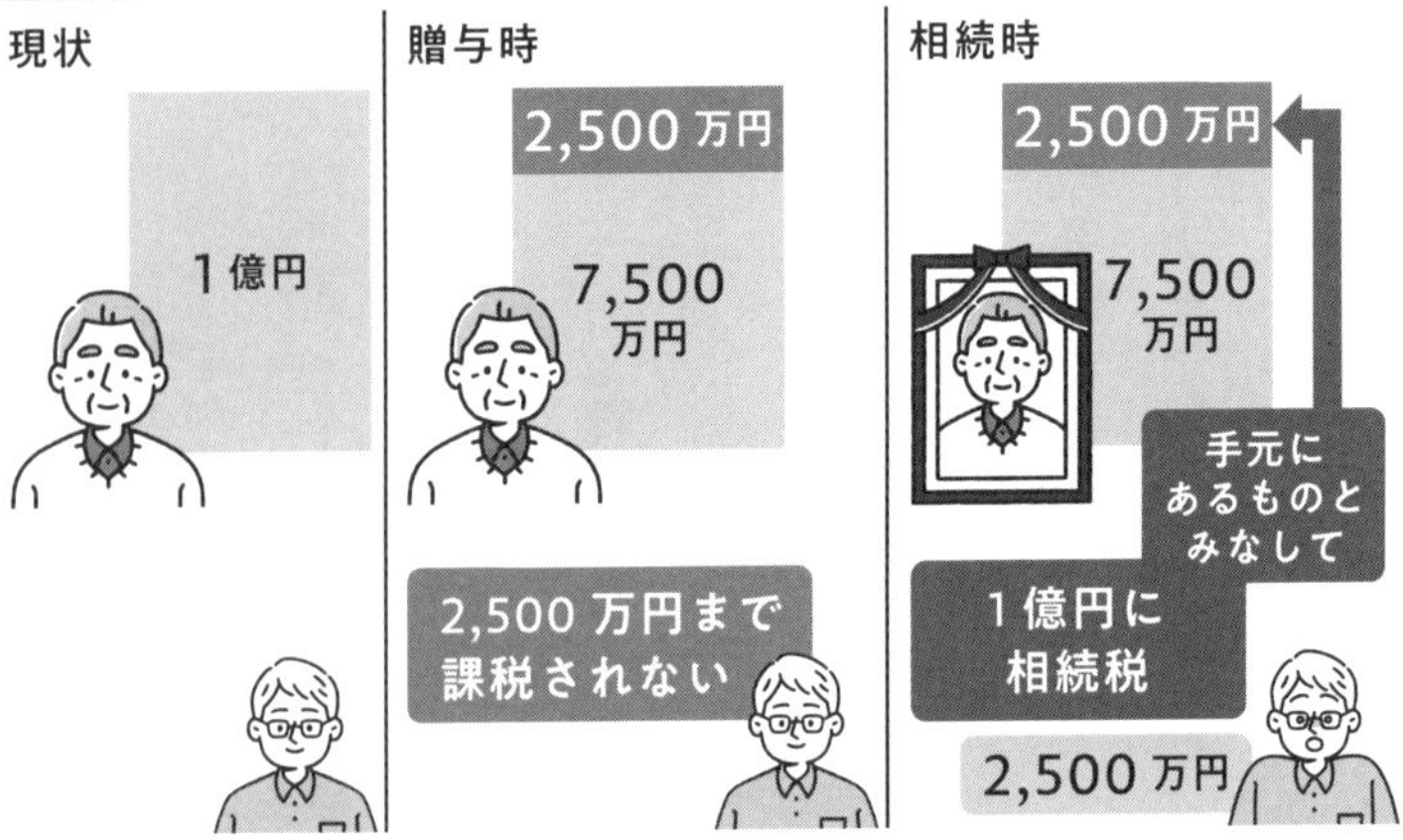

るからです。

ここでは、使い勝手の向上した相続時精算課税制度の特徴や活用方法、注意点を解説します。

相続時精算課税制度とは、「2500万円までの贈与には贈与税をかけません。ただし贈与額は将来の相続税の計算に反映してね」という制度です。

仮に1億円を持っている方が子供に相続時精算課税制度を利用して2500万円贈与します。贈与したときには、2500万円以内のため贈与税はかかりません。ただしこの方が亡くなった際は、残っている資産7500万円に贈与した2500万円を加えた1億円

に対し結局は相続税がかかるのです（図22）。

これを聞いて「これってやる意味あるの？」と疑問に持たれたかもしれません。その通りで、実はこの制度を使っても相続税は1円も節税にはなりません。2500万円を贈与してもしなくても相続税は変わりません。

さらに大きなデメリットがもう一つあります。贈与には、7年内加算で説明した「暦年贈与」と「相続時精算課税制度」の二つがあり、このどちらかを選択することになっています。暦年贈与から相続時精算課税にはいつでも変更できますが、一度相続時精算課税を選んでしまうと二度と暦年贈与には戻れません。

仮に1億円を持っている方が、近々にどうしてもお金が必要な子供のために1000万円を贈与したとします。1000万円の暦年贈与をすると約200万円の贈与税がかかります。これを避けるため相続時精算課税制度を使って贈与しました。

ただし翌年以降に相続税対策のために110万円の贈与（暦年贈与）をしたいと思ったとしても、一度相続時精算課税制度を選ぶとそれ以降の贈与は全て相続税の計算に織り込まなければならないため、以降に行う贈与では対策できなくなってしまうのです。

ここまで相続時精算課税制度を利用するデメリットを説明しましたが、改正後はその一部が解消されます。**毎年110万円の非課税枠が誕生することにより、相続時精算課税制度の使い勝手が大幅に向上します。**

先ほどと同じ贈与をしても、改正後は次のように変わります。まず初年度に贈与した1000万円は110万円が控除され890万円だけが相続税の計算対象となります。さらに2年目以降に行う110万円の贈与は全額が控除され、相続税の計算には1円も反映しなくて済みます。よって結果的に、改正前と比べると220万円分も相続税の課税対象に含めなくてもよくなりました。

この家族は、基本的に毎年110万円の生前贈与をする予定だったところ、1000万円が必要なタイミングがあり相続時精算課税を使わざるを得なかったという状況でした。相続時精算課税の使い勝手が向上したおかげで、こういった家族の場合でも今後は相続税対策として生前贈与を続けることができます。

さらに相続時精算課税の注目したいポイントは、**年間110万円までであれば、亡くなる直前であっても相続税の計算に戻さなくてよくなった**という点です。暦年贈与でさえ今までは、亡くなる直前3年間は戻さなければいけなかったにもかかわらず、相続時精算課税を選ぶことで、今後はそれがなくなります。

また**２０２４年以降の贈与は非課税枠が倍になります。**これまでは暦年贈与の場合、年間１１０万円までが非課税枠でそれを超えた分に贈与税がかかっていましたが、年間２２０万円までは贈与税がかからないようになります。

これはなぜかというと、暦年贈与と相続時精算課税制度それぞれで１１０万円ずつ非課税枠が使えるからです。

先ほど暦年贈与と相続時精算課税制度はどちらか一方のみしか使えないという話をしたので、間違っていると思われるかもしれませんが、実はこういったことが可能なのです。なぜなら相続時精算課税制度を選択する場合は1対1の関係で結ぶからです。

父と子の間では相続時精算課税制度を使って、母と子の間では暦年贈与ということが可能です。すると父からの相続時精算課税制度にも１１０万円の非課税枠が使えて、母からの贈与には暦年贈与の１１０万円が使えるので今後は年間最大２２０万円までが非課税枠となります。

ちなみに両親からの１１０万円ずつの贈与に加え、祖父から子へ相続時精算課税制度を使って贈与したら非課税枠が３３０万円になるのでしょうか。結論、この場合は増えません。

相続時精算課税制度を使って複数人から受けた贈与は、非課税枠を按分しなければならず、例えば祖父から１１０万円、父から１１０万円を受け取っているのであれば、それぞれの贈与から55万円（１１０万円×１／２）しか控除できず、それぞれ55万円（１１０万円－55万円）は将来の相続税の計算に反映しなければなりません。

それでは相続時精算課税制度を選択するには、どのような手続きを取ればいいのでしょうか。**相続時精算課税制度を使うためには、贈与してもらった子供・孫が、贈与してもらった年の翌年２月１日〜３月15日までの間に子供・孫の住所を管轄する税務署に相続時精算課税選択届出書を提出する必要があります。**相続時精算課税制度は、**原則60歳以上の両親や祖父母などから18歳以上の子や孫などに対しての贈与に限り適用されますので、年齢や直系の家族かを確認するにあたって戸籍なども提出する**必要があります。

相続時精算課税選択届出書を提出しないと、暦年贈与のままとなってしまう点は要注意です。失念するとせっかく贈与をしても暦年贈与のままとなるため、７年内加算の対象となってしまいます。

さらに注意したいのは、多額の贈与をした場合です。届出書を失念すると、本来相続時精算課税によって贈与税0円だと思っていたところに、500万円の贈与の場合48万5000円、1000万円の場合177万円の贈与税がかかることになりますのでこの点も要注意です。

これまで相続時精算課税制度については、一旦選択すると翌年以降もどんなに少額の贈与でも申告が必要で、その煩わしさによって利用者が少なくなっていました。しかし、改正後は贈与額が110万円以下ならば申告の必要はありません。ただし110万円を1円でも超えると110万円との差額が相続税の課税対象になり、かつ贈与税の申告も必要となるため、贈与額に気をつける必要があります。

2024年以降のパターン別生前贈与方法のまとめ

ここまで2024年以降は生前贈与が改正によって変わるという話をしてきました。暦年贈与は3年内加算から7年内加算へ、相続時精算課税制度には毎年110万円の非課税枠が新設されました。

では2024年以降どのような生前贈与を行えばいいのでしょうか。ここでは、パターン別にどういった戦略で生前贈与を行えば良いかを説明します。ここまでの説明を完全に理解できていなくても、これから説明する結論を押さえて実行するだけで大きな効果が出ます。

パターン①

孫へ優先的に贈与

孫へ「適正額で贈与」しましょう。**孫への贈与は7年内加算の対象外のため、対策する方の年齢を問わず、孫へ優先的に贈与をすることが最も効率的**です。

孫への生前贈与は、誰にでも効果のある対策のためやらない手はないです。いくら生前贈与をするかは相続税の税率によって適正額が変わりますので、ご自身の状況に合わせて決めましょう（149頁参照、適正贈与額）。

パターン②

7年以上、元気でいられる自信のある方

7年以上、元気でいられる自信がある場合は、「適正贈与額で暦年贈与」を継続しましょう。なぜなら相続時精算課税制度には年間110万円の非課税枠しかなく、財産規模の大きい富裕層の方にとって相続税を大きく下げるには限界があるからです。

よって**生前贈与を始める年齢が比較的若く、元気でいられる自信のある方は、110万円を超える適正贈与額で子供へ暦年贈与を行いましょう。**

パターン③
110万円の贈与をコツコツ行いたい方

子供へ110万円以内の生前贈与をしたい場合は、「相続時精算課税制度」を選択しましょう。**相続時精算課税制度は、2024年以降から毎年110万円の非課税枠の範囲内であれば、贈与額を相続税の計算に加算する必要がない**ためです。よって7年間元気でいられる自信がない、贈与額が大きいとご自身の生活費の工面が心配、子供や孫に多額の金銭を渡すことに抵抗がある場合などは、相続時精算課税制度を利用しましょう。

コツコツ110万円以内の贈与をしてきた方にとっては、3年内加算がない分、相続時精算課税制度を使ったほうがこれまでよりも得になります。さらに父からは相続時精算課税制度、母からは暦年贈与という形で選ぶことで、年間の非課税枠を倍の220万円まで増やすこともできるため、今後はより対策がしやすくなります。

ただし、基本は「適正贈与額で暦年贈与」を行うことが最も節税につながりやすいです。よって**相続時精算課税制度を使う場合は、スピーディーに贈与する必要があります。**

スピーディーに贈与するとは、いかに贈与する年数を短くするかということです。年数を短くするためには、なるべく大きい金額の贈与を行うことが必要です。ただし相続時精算課税制度では非課税枠が決められています。そこで、スピーディーに贈与するには次の二つを行います。

①贈与する相手を増やす

なるべく多くの子供へ生前贈与しましょう。子供全員へ贈与することで多くの金額を生前贈与することができます。兄弟均等に贈与することで、相続争いにならないような対策にもなります。

②小口不動産を贈与する

小口不動産を贈与してスピーディーに贈与をしましょう。第3章でも説明した通り、小口不動産を活用した対策は、2024年以降の相続税対策の新常識になるでしょう。

小口不動産を贈与することで、１１０万円を超えた贈与を相続時精算課税制度の非課税枠内で行えます。例えば５００万円の価値のある小口不動産でも、相続税評価上１１０万円以下となるものもあります。このような小口不動産を贈与することで、税金計算上１１０万円でも、実質５００万円の不動産を贈与していることになるので、大きい金額を贈与できるのです。

かえって損をする贈与税の配偶者控除と住宅資金贈与

社会政策上の一環で、**贈与税には住宅購入をすると一定額を非課税にできる制度**があります。これらをうまく活用することで贈与税を少なくすることができます。ただし、これらの特例が使えるからと安易に手を出すとかえって税金が高くなってしまうことがあるのです。そこで代表的な贈与税の特例である、贈与税の配偶者控除と住宅資金贈与の特例をご紹介して、使ってはいけないケースを説明します。ご自身が特例を使ったほうがいいのかどうかが分かるので、ぜひご活用ください。

●贈与税の配偶者控除

この特例は、**結婚して20年以上連れ添った夫婦であれば、自宅の2000万円分を**

贈与する、もしくは自宅購入資金として2000万円を贈与しても贈与税が非課税となる制度です。おしどり贈与と呼ばれることもあり、贈与税の中でも有名な制度です。

この特例のメリットは、2000万円を無税で配偶者へ贈与し、将来の相続税を節税できる点です。配偶者が2000万円もらえるからいいと思われるかもしれませんが、用途は住宅購入に限定されていますので、お金を自由に使えるわけではありません。あくまで将来の相続税の節税を狙った制度と言えます。

ただ残念なことに、この特例を使ってもそこまで相続税を減らすことはできません。むしろデメリットが多く、使うことでかえって税金が増えてしまうこともあります。デメリットは次の三つです。

1. 贈与は移転コストが相続の10倍かかるから

自宅を贈与でもらうと、登録免許税、不動産取得税等の移転コストが相続に比べると約10倍もかかります。

例えば、土地1000万円、家屋1000万円の不動産を贈与すると登録免許税が

40万円（2000万円×2%）、不動産取得税が45万円（土地1000万円×1・5%、家屋1000万円×3%）で計85万円もかかってしまいます（軽減措置は考慮していません）。相続の場合は、登録免許税8万円（2000万円×0・4%）だけで済みますので、**贈与だと移転コストが割高**です。

他にも、不動産の名義変更にあたり、司法書士へ支払う不動産登記の手数料がかかります。本来相続1回で済むところ不動産のすべてを贈与しきれていない場合は、贈与で1回、相続で1回登記することになるため、贈与をはさむことで相続よりも移転コストが二重でかかります。

2. そもそも夫婦間であれば相続税は無税だから

相続税には、最低でも1億6000万円まで引き継いでも相続税がかからない「配偶者の税額軽減」という特例があります。わざわざ贈与しなくても相続で自宅や金融資産を無税で配偶者に渡すことができます。

また相続の場合、亡くなった方の自宅であれば「小規模宅地の特例」によって8割引きで相続できますので、さらに相続税を抑えられます。一定の要件がありますが、配偶者であれば無条件でこの特例を使えますので、自宅を２０００万円贈与しても効果がそこまで大きくありません。

仮に次のようなケースで、シミュレーションしてみます。相続人は２人（配偶者と別居している子供）で、財産は全部で1億円（うち自宅土地が５０００万円）としましょう。

配偶者が自宅土地を、子供が土地以外の財産を相続した場合、相続税は１５０万円かかります。前述の通り配偶者は特例により税金はかかりません。

（1億円－４０００万円（小規模宅地の特例５０００万円×80％）－４２００万円（相続税の基礎控除））×税率10％×子供の相続する比率５０００万円÷６０００万円
＝１５０万円

次に「贈与税の配偶者控除」を使って２０００万円を生前贈与したケースはどうなるでしょうか。先ほどと同様に相続した場合、相続税は１２５万円かかります。

（1億円－２０００万円（生前贈与分）－２４００万円（小規模宅地の特例３０００万円×80％）－４２００万円（相続税の基礎控除））×税率10％×子供の相続する比率５０００万円÷５６００万円＝１２５万円

このケースでは、贈与税の配偶者控除を使って贈与すると相続税を25万円（１５０万円－１２５万円）節税できることが分かりました。

ただし不動産２０００万円を贈与すると、先ほど説明した通り不動産取得税や登録免許税などの移転コストが相続よりも25万円以上かかり、相続税の節税効果を相殺しますので、贈与しないほうが良いという結論になります。

子供が別居している前提でしたが、もし同居していれば子供が小規模宅地の特例を使って自宅を相続できます。よって、贈与をしなくても相続税をさらに抑えることができるので、贈与税の配偶者控除を使うとますます不利になります。

また、**配偶者が元から財産を多く所有しており、将来の相続税が高くなる場合も贈与しないほうが得**です。配偶者固有の財産に２０００万円が加わることで、配偶者が亡くなる際の相続税がさらに増えてしまうことになります。

先ほどの例で配偶者も財産を1億円持っている場合は、配偶者が何も財産を相続しない方法が最も節税となります。配偶者が1円も相続しないという分け方を採用すると、相続税は夫婦合わせて1990万円です。

仮に配偶者へ2000万円を贈与していると、同じ分け方でも夫婦合計の相続税は2290万円に増えてしまいます。このように、特例があるからと言ってむやみに「贈与税の配偶者控除」を使って贈与すると損をするケースもありますので、ご注意ください。

3．認知症リスクを引き受けることになる

自宅を配偶者へ贈与すると、配偶者も自宅の所有権の一部を持つことになります。すると、自宅を売却する、もしくは賃貸に出す場合に、所有者である配偶者の許可が必要になります。その際、万が一配偶者が認知症になってしまうと、これら諸々の契約ができなくなります。

このことを俗にデッドロックと言って、老人ホームの資金を工面するために自宅を売却したくてもできない、また賃貸に出したくても空き家のままにしておかなければ

ならないという問題が生じるのです。亡くなる直前までお元気でいられることがベストですが、認知症のリスクもある程度考えておかなければなりません。

認知症のリスクは、他にも不動産を売却した際にかかる税金にも影響がでます。理由は認知症になると、自宅の売却であれば税金計算上3000万円を控除できるマイホーム特例が使えないためです。

不動産を売却すると、売却額と取得額との差の儲け部分である譲渡所得に約20％の所得税等がかかります。例えば親が50年前に1500万円で購入した物件が3000万円で売却できると税金は本来約570万円かかりますが、マイホーム特例が使えれば、3000万円の控除ができますのでこれが無税で済むのです。

ただし、配偶者が認知症の場合はマイホーム特例が使えず、税金が高くなります。なぜなら、配偶者が自身で不動産を売却することができず、不動産を売却できるのは、配偶者が亡くなって子供が相続をした後になるからです。子供がその家に住む場合を除き、子供が売却するとマイホーム特例を使うことはできません。よって配偶者が認知症の場合は、税金が高くなります。

●贈与税の配偶者控除を使ったほうがいいケース

ではどのような方であれば、贈与税の配偶者控除を使ったほうが得になるのでしょうか。それはずばり、**高額な自宅を生前に売却する予定がある場合**です。

有利な理由は、贈与によって配偶者が自宅の一部を所有してから売却すると、マイホーム特例3000万円控除を2人分の合計6000万円まで使うことができるからです。

仮に500万円で買った物件を1億円で売却できると、税金は約1900万円かかりますが、夫婦2人が売却すればマイホーム特例を6000万円使える上に、約14%の軽減税率が適用され約490万円まで下がります。

このように贈与税の配偶者控除は、所得税等の対策に有効です。ただし売却ありきの生前贈与は税務署から否認される可能性が高いので要注意です。

例えばマイホーム特例3000万円控除を狙うためだけに自宅を配偶者へ贈与し、その直後に自宅を売却すると、後々の税務調査で贈与税の配偶者控除が使えなくなり、多額の贈与税を支払うことになります。

贈与税の配偶者控除の特例は、あくまで自宅に住むことを前提とした特例のため、

もらった直後に売却する場合は使うことはできません。イメージとしては50〜60歳代のうちに贈与しておいて、将来老人ホームに入る手前くらいで自宅の売却を視野に入れているというご家庭に向いていると言えます。よって高額な自宅を生前に売却する予定がある場合は、贈与税の配偶者控除を使って贈与しておくほうが将来、得になる可能性が高いです。

ただし認知症リスクは避けられませんので、家族信託などの財産を管理できる仕組みを作っておくなど、ご自身の状況に合わせてご検討ください。

●住宅資金贈与の特例

住宅資金贈与の特例とは、両親や祖父母からもらったお金でマイホームを購入した場合に最大1000万円まで贈与税が非課税となる制度です（子供・孫は、贈与年の1月1日時点において18歳以上であること、贈与年分の合計所得金額が2000万円以下であることが要件です）。この特例も多くの方が利用しています。生前贈与により親の財産を子供へ移転できるため、将来の相続税を節税する効果があります。

ただしケースによっては、相続税が下がるどころかむしろ増えてしまう場合もありますので、十分に検討した上で行う必要があります。そこで住宅資金贈与の特例を使うことによるデメリットを三つご紹介します。

1．将来、小規模宅地等の特例が使えなくなる

小規模宅地の特例は、亡くなった方の自宅を配偶者か同居親族が相続すると、相続税の計算上自宅の評価が8割引きになる制度です。親が5000万円の土地を保有しているのであれば、8割引きで評価額が1000万円まで引き下げられます。もし税率が30%であれば1200万円も相続税が下がります。

このように小規模宅地の特例が適用できれば、相続税を大幅に減額できます。ただし**原則は「配偶者か同居している家族が相続すること」が条件のため、住宅資金贈与の特例を使って、子供がマイホームを購入して親と別居するということになると、将来親が亡くなる際に小規模宅地の特例が使えない**のです。

例外的に別居していても適用できるケースはありますが、「賃貸暮らしを3年以上していること」が条件のためマイホームに住んでいる場合は当てはまりません。

よって、住宅資金贈与の特例を使って子供がマイホームを購入してしまうと、将来

小規模宅地の特例を受けられません。ですが「どうしても家が欲しい」など、ご家族によって状況は様々かと思います。もちろんその場合は、税金は度外視でご家族同士が納得できる形で進めてもらえればと思います。

2．不動産取得税・登録免除税が高い

贈与税の配偶者控除で説明した内容と同様に、住宅を購入した場合にも不動産取得税や登録免許税などの移転コストが、固定資産税評価額の約4〜5％もかかります。ですが、もし親の家を相続するのであれば、これらのコストはたったの0・4％ほどで済み、10倍も税負担に差があります。よって住宅資金贈与の特例を使う場合は、これらのコストがどれくらいかかるかを念頭に置く必要があります。

3．兄弟とトラブルになる

特定の子供だけに住宅資金の贈与をすると、将来親が亡くなった際の相続で揉めるケースがあります。兄弟仲が良くても、親が亡くなった後に「長男は親から○○円をもらっている」といったことを他の兄弟が知ると「お兄ちゃんばかりずるい」という

ことで喧嘩が勃発するのです。

特定の子供だけに贈与している場合は、①事前にその事実を家族で共有する、②遺産を相続する際は、もらいすぎた分を他の兄弟と調整する合意をしておくことで、限りなくトラブルを減らせます。


ここまでデメリットを説明してきましたが、どんなケースであれば住宅取得資金贈与の特例を使ったほうが得なのでしょうか。それは、子供のマイホームを親が買う場合です。子供がどうしてもマイホームを欲しいのであれば、親に買ってもらいましょう。親が購入し子供にタダで貸すことで、相続税を大きく節税できます。

なぜ親がマイホームを買うと節税できるかというと、不動産が取り引きされる時価と相続税評価額に大きな差があるためです。5000万円の一軒家であれば相続税評価上2000万〜3000万円くらいまで下がるイメージです。相続税の計算上、土地は「路線価」、建物は「固定資産税評価額」で評価します。時価と比較しておよそ路線価は80／100、固定資産税評価額は70／100で評価されますので、親が預金として保有しているよりも、不動産を購入するほうが相続税対策となるのです。

親がマイホームを購入すると相続税対策となりますが、住宅取得資金贈与の特例を併用することでさらに節税できます。例えば5000万円の不動産のうち、4000万円は親が負担し、1000万円は子供が親から贈与でもらったお金で負担する形です。こうすれば、親の不動産購入による効果と、住宅取得資金贈与の特例の効果を両方受けることができるので、先ほどのデメリットを打ち消すほどの節税効果が出る場合もあります。

教育資金の一括贈与は得なケースが限られている

教育資金の一括贈与は、祖父母などからの教育資金の贈与であれば1500万円まで贈与税がかからない制度です。孫が複数いれば、1500万円×孫の人数分の贈与を無税で行うことも可能です。これによって相続税を大幅に圧縮できます。

ですが、実はこの教育資金の一括贈与の特例を使う必要はありません。なぜなら両親や祖父母から生活費や教育費をその都度援助する場合には贈与税がかからないからです（141頁参照）。高校・大学などに支払う入学金や毎年の授業料などは、その都度負担するのであれば贈与税はかかりません。必要な都度支払ってあげれば、お孫さんの喜ぶ顔もその都度見られますね。

また教育資金の一括贈与の特例を使わないほうが良い理由として、その煩雑さがあります。特例を受けるには信託銀行などで教育資金口座を開設して、贈与でもらったお金を預ける必要がありますが、口座から自由にお金をおろすことはできません。お金をおろすためには、教育費がかかる度に領収書を提出する必要があります。祖父母から直接教育費を援助するのであれば、特例を使わないほうが楽に贈与できます。

また教育資金の一括贈与の特例を受けた場合、そのお金は基本的に孫が大学を卒業するまでに使い切る必要があります。30歳（一定の場合は40歳）までに使い切れないと、残った金額のほとんどに対し贈与税がかかるのです。このようなデメリットもありますので、そのリスクを負う必要はありません。

ではどんなケースであれば、教育資金贈与１５００万円の特例を使うと得なのでしょうか。それは祖父母が80~90代など高齢で、かつ孫が小学生などの場合です。

このケースでは残念ながら祖父母から孫へ高校・大学進学の都度教育費を援助できないこともあります。そのような場合に、祖父母がお元気なうちに教育資金の一括贈与の特例を使って子供の口座に１５００万円を預けておけば、将来教育費がかかるごとに引き出して使えます。これによって万が一祖父母が亡くなっても、教育費を援助し続けることができるので効果的です。

●コラム

国が考える生前贈与の行く末

私は、生前贈与は将来「相続時精算課税制度」に一本化されると考えています。なぜなら相続時精算課税制度を導入して国民の生前贈与を把握することで、正しい相続税の徴税ができるからです。

そもそも贈与税はなぜ必要なのでしょうか。それは、相続税の意図的な脱税を防ぐためです。これは税理士受験生であれば相続税法を勉強すると最初に習う「贈与税は相続税の補完税である」という話です。実は贈与税がないと相続税はいくらでも脱税し放題となってしまいます。

例えば5000万円の財産を無税で子供に引き継がせるために「そうだ！ 子供に1500万円を贈与して相続税がかからないようにしよう」と考えたとします。相続税の基礎控除は3000万円＋600万円×法定相続人の数で、相続人が1人の場合は3600万円です。1500万円を子供に贈与すると財産は5000万円－1500万円で3500万円となり基礎控除3600万円を下回るので相続税はかかりません。こんなことがまかり通れば、誰も相続税を支払わなくて済んでしまいます。

そこで子供への1500万円の贈与に対して贈与税をかけるのです。贈与税はこの場合366万円です。ただし、全ての家庭へ税務調査に入ることには無理があり、一定の贈与税の課税漏れが起こってしまうというのが現状です。

これが現在の相続税と贈与税のルールですが、将来的には相続時精算課税制度に一本化されると思います。今回の改正で新設された相続時精算課税の110万円の非課税枠はその流れの始まりです。相続時精算課税制度を利用して正しい納税をしてくれるのであれば、毎年110万円の特典をつけてあげるといった具合でしょうか。暦年贈与のルールを廃止して相続時精算課税制度だけで一本化すれば今後前述のような脱税は起こらず、生前贈与をしてもしなくてもおおむね元々持っていた5000万円に対し相続税をかけることができます。国は相続時精算課税制度によって相続贈与一体化を実現させようとしているのです。

第5章

極論、「相続1日前」でも使える節税法

相続直前でもできることはあります！

相続税対策はなるべく早いタイミングから始めることがベストですが、残念ながらみなさんが実行できるわけではありません。ですが、ご安心ください！　相続直前でもできることはまだ残されています。

これからご紹介する6つの対策を行うと、直前でも相続税が劇的に下がります。ご自身のケースによって使えるものがあると思いますので、参考にしてください。

・養子縁組
・リフォーム
・お墓や仏壇の購入

・教育資金の一括贈与
・孫への生前贈与
・110万円以内の贈与

まず前提として、**これらの対策は既に「認知症」になっている場合はできません。**認知症だと意思決定を自分で行うことができないため、あらゆる行為を税務署から認めてもらえないのです。

また税務署だけでなく、**認知症の状態でこれらの対策を行うと、他の兄弟や家族から何らかの訴えなどを起こされるリスクもあります**ので、これらの対策を行うことはおすすめできません。

こうした前提を押さえた上で、進めていただければと思います。

養子縁組は即効性のある相続税対策

養子縁組は、大きな節税効果があります。富裕層の場合、孫や子供の配偶者を養子にして相続税対策を行っている家庭が多いです。

相続税の基礎控除は、「3000万円＋600万円×法定相続人の数」で計算します。他にも生命保険の非課税枠は「500万円×法定相続人の数」で、相続税の税率は法定相続人の数が多いほど低くなる傾向があります。このように、相続税は「相続人の人数を増やすこと」で下がる特性があります（25頁参照）。

例えば、財産3億円を子供が親から相続すると相続税は、9180万円もかかります。ですが、孫が親の養子に入ると、相続税は6920万円となり2000万円以上も節税できるのです。

ただし養子縁組を検討する場合は、さまざまな問題点も考慮しておかなければいけません。養子縁組をすると苗字が変わること以外に、次の5つの問題点があります。

1. 孫が財産を相続すると相続税が20%増しになる

相続税の2割加算といって、亡くなった方から見て縁遠い兄弟姉妹や孫などが財産を相続すると、相続税を20%増しでかけますよという制度があります。孫の場合、相続税を一代分スキップできるため、このような厳しい取り決めになっています。

裏を返すと、孫へ財産を相続させなければ相続税は20%増しにはなりません。ですが祖父母が亡くなったときに孫が未成年だった場合は、家庭裁判所の取り決めにより孫が法定相続分相当の財産を相続しなければならないこともあります。こうなると結果的に相続税が増えてしまうこともありますので、事前に相続税がどれくらいかかるかをシミュレーションすることが重要です。

2. 養子の数には制限がある

相続税の計算上、養子の人数は限られています。**相続税法では、実子がいる場合**

は1人まで、実子がいない場合は2人までと決められているため、養子縁組で無制限に相続人の数を増やしても効果はありません。ただ、これはあくまで相続税計算上の話ですので、民法上は養子を何人増やしても構いません。

また、たとえ養子であったとしても、配偶者の連れ子や実親が先に亡くなり相続権のある孫などは実子として扱うため、養子の算入制限の対象とはなりません。

3．他の相続人と揉める原因となる

養子縁組をすると、他の家族の相続分に影響が生じ、揉める原因となります。**孫や子供の配偶者を養子にする場合は、事前に他の兄弟に十分に理解してもらった上で、養子縁組をすることをおすすめします。**

特に認知症のときに養子縁組をすると、「養子縁組無効の訴え」を起こされて、他の相続人と裁判に発展することもあります。養子縁組は本人の意思に基づいて行われることなので、他の家族の意向は関係ありませんが、事前に相続人全員に知らせておくほうが後々トラブルになりにくいでしょう。

4. 親権がなくなる

未成年の孫を養子に入れると親権が祖父母に移りますので、両親には子供の親権がありません。**仮に祖父母が亡くなっても両親が自動的に親権者にはなるわけではありませんので、一時的に孫の親権者が誰もいなくなる恐れがあります。**

親権者が不在になった場合は、家庭裁判所へ「死後離縁」の手続きをすることで、両親が親権を取り戻せますが、このような事態も想定しておく必要があるでしょう。

5. 税務リスク

相続税対策を目的とした養子縁組は税務署から否認される可能性があります。税務署から認められないと、①相続税の基礎控除が減る、②生命保険の非課税枠が減る、③相続税の税率が上がることにより相続税が大きく変わります。

例えば、認知症にもかかわらず亡くなる直前で養子縁組をしている場合や、養子縁組をしたにもかかわらず養子には財産を相続させない場合などは、否認される可能性が高いのです。

しかしそれほど心配する必要はありません。養子縁組が「相続税対策を目的としているかどうか」を判断するのは税務署でも非常に難しいのです。例えば「〇〇さんにはお世話になったから」という理由で子供の配偶者を養子に入れることは何ら不自然ではないので、このような説明できるストーリーがあれば税務署から指摘されることはありません。

建物の評価を変えずに預貯金を減らすリフォーム

相続直前の自宅のリフォームは、有効な相続税対策です。なぜなら自宅をリフォームしても建物の評価は変わらないまま預貯金が減り、相続財産全体が減少するからです。

内装や家の設備などの軽いリフォームであれば、建物の評価額である固定資産税評価額は変わりません。例えば、キッチンやトイレ、お風呂などの水回りのリフォームや、バリアフリーのためのリフォーム、外壁やその他傷んだ場所の修繕であれば、評価額はそのままです。

ただし、リフォームの方法次第で固定資産税評価額が上がる場合もあります。**増築や床面積を増やすリフォームなどは、建物の価値が上がることで、固定資産税評価額**

も増えるのでご注意ください。

相続直前に大きなリフォームをして、固定資産税評価額が改定されていない場合は、その費用を相続財産に反映させる必要があります。算式は「(リフォーム費用－相続までの償却費)×70％」で行います。

この計算式を言い換えると、かかった費用の70％を相続財産にすればいいということです。よって大きなリフォームであっても、支払った費用の30％(100％－70％)は、相続財産を減らす効果があります。

これらの話は、親が所有している自宅のリフォーム費用を親が支払った場合の話です。仮に子供が所有している自宅のリフォーム費用を親が支払うと、親から子への贈与として贈与税の課税対象となりますのでご注意ください。ただし、子供の自宅でも親が所有しているのであれば贈与税はかからず、同様にリフォームの節税効果を受けることができます。

お墓や仏壇の購入は非課税財産になる

相続直前にお墓や仏壇を購入すると、節税効果があります。なぜならお墓などの祭祀財産は非課税財産として相続税の計算に反映しなくて済むからです。

ただしお墓を相続後に購入しても、それは単に相続人が購入しているに過ぎず、控除などはできませんので相続税対策になりません。よって、**お墓の購入を検討している場合は、相続前に購入しましょう。**

この手の話で有名なのは「金の仏具を買う」という相続税対策です。仏具も非課税財産のため相続前に買っておけば、その部分に相続税がかからないのです。ただし、**あまりにも高額な場合や、仏壇を置いて日常的に礼拝していないと一般的には非課税とは見なされません**のでご注意ください。

また、高額なお墓などを借金して購入される方もいるかと思います。本来、相続税の計算において借金は遺産から差し引くことができます。ですがお墓などはそもそも非課税財産ですので、借金を遺産から差し引くことはできない点にご注意ください。**相続税対策としてお墓などを購入されるのであれば、なるべく現金一括払いで行うことをおすすめします。**

教育資金の一括贈与は相続の直前に行うこと

教育資金の一括贈与は、祖父母などからの教育資金の贈与であれば1500万円まで贈与税がかからない制度です。孫が複数人いれば、1500万円×孫の人数分の贈与を非課税で行うことも可能です。第4章でも解説した通り、相続直前にこの特例を活用すると大きく効果を発揮します。

祖父母が高齢の場合、高校・大学進学の教育費を援助できないこともあります。そこで教育資金の一括贈与の特例を使って孫の口座に1500万円を預けておくことによって、教育費がかかるごとに引き出して使うことができます。よって**教育資金の一括贈与は、祖父母が亡くなっても教育費を援助し続けられるので相続直前の対策として効果的です。**

孫への生前贈与

相続直前でも孫へ生前贈与をすると節税できます。なぜなら孫は7年内加算の対象外で、亡くなる直前の贈与でも効果があるからです。

7年内加算とは、亡くなる直前7年分の贈与を無効にして相続税の計算に戻しますよという決まりです。これによって相続直前の駆け込みでの贈与を防止しています。ですが孫の場合は7年内加算の対象外のため、仮に亡くなる前日に贈与しても相続税の計算に反映する必要がありません。よって孫への生前贈与は相続直前に行うと有効な対策と言えます（第4章参照）。

110万円の生前贈与

相続直前でも、相続時精算課税制度を使って子供へ110万円の生前贈与をすれば節税できます。相続時精算課税制度には毎年110万円の非課税枠があり、亡くなる直前の贈与でも効果があるためです。

2024年以降の贈与から相続時精算課税制度には毎年110万円の非課税枠が新設されました。暦年贈与の場合、7年内加算の縛りがあり子供への贈与は相続税対策になりません。ですが、相続時精算課税制度を使えば毎年110万円の非課税枠があるため、仮に贈与を亡くなる前日にしていたとしても相続税の計算に反映する必要がありません。よって、相続時精算課税制度を使って子供へ110万円の生前贈与をすると相続直前の対策として効果的です（詳細は第4章）。

相続時精算課税制度を使う場合の注意点は、贈与を受けた翌年の3月15日までに子供が税務署へ「相続時精算課税選択届出書」を提出しなければならない点です。仮に提出を忘れると、暦年贈与のままとなり、7年内加算の対象となりますのでご注意ください。

また、親が贈与した年に亡くなった場合の相続時精算課税選択届出書の提出期限は、「贈与の翌年3月15日」と「相続開始の翌日から10か月以内」のいずれか早い日という決まりとなっています。

例えば、今まで暦年贈与していた人が２０２４年1月1日に１１０万円を贈与して２０２４年1月2日に亡くなる場合に、２０２４年から初めて相続時精算課税を適用したいのであれば、10か月後の「２０２４年11月2日」までに相続税申告書と一緒に相続時精算課税選択届出書を提出する必要があります。

通常の期限の「２０２５年3月15日」だと思っていると相続時精算課税制度の１１０万円の非課税枠が使えず、相続税を数十万円損してしまいます。よって相続直前で相続時精算課税制度を使おうと考えている方は、提出期限にご注意ください。

第6章

税務調査の「手口とその回避法」を大暴露

5人に1人が調査対象!? 書面添付制度を活用しよう

日本全国でどれくらいの方に相続税がかかるかご存じですか。答えは100人中8人です。実は相続税は日本の富裕層上位8％にしかかからない税金なのです。このように相続税は他の所得税や法人税などに比べると課税対象者が少ない税金です。ですが逆に言えばその分税務調査に選ばれる確率が高くなるのです。

相続税の税務調査は、簡易な接触を含めると約5人に1人の方が選ばれます。また**一度調査に選ばれると、約87％の確率で追徴課税されます。**「なるほど相続税申告は税理士に依頼しない人が多いのか」と思われたかもしれませんが、実は全体の約9割の納税者が税理士に依頼して相続税申告をしています。

ではなぜ、税金のプロである税理士が作成しているにもかかわらず、ここまで追徴課税が多いのでしょうか。その理由は、税理士のほとんどは相続税に不慣れなためです。一般的な税理士事務所の場合、毎月の記帳代行や法人の決算申告を主たる業務としています。そのため、相続税申告の業務は年間1～2件程度しか担当しません。こうなると税務調査の立ち合い経験を積むこともできず、何が相続税の税務調査で問題になるかが分からないのです。税務調査の勘所を理解している税理士でないと、調査官と戦える申告書を作成することはできないのです。

税務調査で追徴課税となった場合、本来支払うべき相続税に加え10～40％のペナルティがかかります。さらに、**年利2・4％（2024年時点）の延滞税もかかる**のです。

統計的には約5人に1人の割合で入る相続税の税務調査ですが、私が所属する円満相続税理士法人では、これまで累計約700件の相続税申告を手掛け、そのうち、税務調査に選ばれたのは7件のみで、ちょうど1％の選定率となっています。

ちなみにその7件のほとんどが資産規模5億円を超えるような大型の相続税申告です。大型の相続税申告の場合は、疑わしいことがなくても税務調査が入ることがあるため、選定率を0％にすることは不可能です。

では、なぜ私たちが行う相続税申告は税務調査率1％で済んでいるのでしょうか。

その理由は、全てのお客様に「書面添付制度」を活用しているからです。

書面添付制度とは、税理士が「カルテ」のような書類を作成し、相続税申告書に添付して提出する制度です。**調査官と同じ目線を持った相続専門税理士が、相続税申告書を作成する上で問題となりそうな部分を事前に納税者からヒアリングをして、書面に記録し添付します。**この書類があることで、調査官からすれば「この申告は私たちが確認したい部分を既に調べてくれているな。わざわざ調査に入る必要はなさそうだ」と読みとってくれますので、それだけ調査に選ばれる確率が下がるのです。

書面添付制度は、このようないい効果があるにもかかわらず、活用している税理士は全体の22％しかいません。なぜ少ないかというと、この書類に嘘の記載があると税理士が懲戒処分されるという決まりになっているからです。相続税に慣れていて、自信をもって作成できる税理士でないと、書面添付制度を使うことはできないのです。

「相続税のおたずね」が来たら税務署にマークされている

「相続税のおたずね」をご存じでしょうか。家族が亡くなってから数か月するとこの書類が税務署から送られてくることがあります。普段税務署から書類が届くことなんてめったにありませんので、このようなものが届くとびっくりされるかもしれません。

税務署はランダムにこの書類を送るわけではなく、独自の基準で選定した「この人は相続税がかかるだろうなあ」という家庭に送っています。

「相続税なんてかかるほど財産はないし、おたずねに回答するのは面倒くさいから無視しても問題ないでしょ」ということで放置される方もいるかもしれません。ですが**この書類に対応しないと、後々税務調査となる可能性もある**のです。

そこで「相続税のおたずね」は、どれくらいの時期に、全体の何割を対象に送っているのか、もし届いて無視をするとどうなるのかといった内容を説明しましょう。

●「相続税のおたずね」が届く理由

「相続税のおたずね」は、**相続税申告が必要になる可能性が高い方に届く書類**です。正しくは「相続税についてのお知らせ」あるいは「相続税の申告等についてのご案内」という名前のものが届きます（図23、24）。この書類が届いたということは、**税務署から「申告が必要なので準備してね」と言われているということ**です。一般の方は、自分に相続税がかかるかどうかを知らないのが通常かと思います。そのような方に相続税申告を促すために、税務署は相続税のおたずねを送るのです。

●税務署はどのように選別しているのか

亡くなったことを税務署に知らせていないにもかかわらず、なぜ「相続税のおたずね」が届くのか不思議に思われるかもしれません。それは役所が税務署に亡くなったことを伝えているからです。

▶図 23　税務署からの「相続税のおたずね」例1

〒
住　所＿＿＿＿＿＿＿＿＿＿＿＿＿＿＿
氏　名＿＿＿＿＿＿＿＿＿＿＿＿＿＿様

番　号＿＿＿＿＿＿＿＿＿＿
平成　　　年　　　月　　　日

相　続　人　等　各　位

＿＿＿＿＿＿税　務　署　長
資産課税（担当）部門
（電話　　　　　　　　　　　）

担当者	（内線　　　　　）

相続税についてのお知らせ

このたびの＿＿＿＿＿＿＿＿＿様のご逝去に対し，謹んでお悔やみ申し上げます。

さて，お亡くなりになられた方の遺産（土地，建物，株式や公社債などの有価証券，預貯金，現金など）の総額が基礎控除額（3,000万円＋600万円×法定相続人数）を超える場合，その方から相続や遺贈によって財産を取得された方は，亡くなられた日の翌日から10か月以内に相続税の申告と納税が必要になります。

なお，相続税に関する具体的な計算方法や申告の手続などの詳しい情報は，国税庁ホームページ【http://www.nta.go.jp】の『相続税・贈与税特集』サイトをご確認ください。同サイトでは「相続税の申告のしかた」を掲載しているほか，「相続税の申告書」を出力することもできます。

また，当ホームページからは，「相続税の申告要否判定コーナー」で「相続税の申告要否検討表」が作成でき，相続税の申告の要否のおおよその判定を行うことができますのでご利用ください。

（注）　このお知らせは，「死亡届出書」を市区町村窓口に提出された方に送付しています。

※　**この文書による行政指導の責任者は，上記の税務署長です。**

税務署におかけいただいた電話は，自動音声でご案内しています。担当者へのお問い合わせは，音声案内で「2」番（税務署）を選択した後，交換手に内線番号と担当者名をお伝えください。

【参考】

※　「相続税の申告要否判定コーナー」の利用方法については，国税庁ホームページの「インターネット番組（Web-TAX-TV）」の「相続税の申告要否判定コーナーを利用した申告要否の確認」をご覧ください。

※　「税理士情報検索など各種情報」は，日本税理士会連合会のホームページの「税理士情報検索サイト」【www.zeirishikensaku.jp】をご覧ください。

▶図 24　税務署からの「相続税のおたずね」例 2

〒
住　所＿＿＿＿＿＿＿＿＿＿＿＿＿＿
氏　名＿＿＿＿＿＿＿＿＿＿＿＿＿様

番　号＿＿＿＿＿＿＿＿＿＿
平成　　　年　　　月　　　日

相 続 人 等 各 位

＿＿＿＿＿＿税 務 署 長
資産課税（担当）部門
（電話　　　　　　　　　　）

担当者	（内線　　　　　）

相続税の申告等についてのご案内

このたびの＿＿＿＿＿＿＿＿＿＿様のご逝去に対し，謹んでお悔やみ申し上げます。

さて，お亡くなりになられた方の遺産の総額が基礎控除額（3,000万円 +600万円 × 法定相続人数）を超える場合，亡くなられた方から相続や遺贈によって財産を取得された方は，亡くなられた日の翌日から10か月以内に相続税の申告と納税が必要になります。

つきましては，財産を取得された方等へご連絡いただき，同封の「相続税のあらまし」を参考に申告と納税の必要があるかどうかを確認いただき，次の１又は２に記載するところにより「相続税の申告書」又は「相続税の申告要否検討表」の提出をお願いいたします。

1　お亡くなりになられた方の遺産の総額が基礎控除額を超える場合には，平成＿＿年＿＿月＿＿日までに，亡くなられた方の住所地を所轄する税務署へ「相続税の申告書」を提出し納税をしてください。
　※　相続税に関する具体的な計算方法や申告の手続きなどの情報は，国税庁ホームページ【www.nta.go.jp】の『相続税・贈与税特集』サイトをご確認ください。同サイトでは「相続税の申告のしかた」を掲載しているほか，「相続税の申告書」を出力することもできます。
2　お亡くなりになられた方の遺産の総額が基礎控除額に満たない場合には，「相続税の申告書」の提出は必要ありませんが，申告の要否を確認させていただくために，同封の「相続税の申告要否検討表」の回答欄に該当する事項をご記入の上，平成＿＿年＿＿月＿＿日ごろまでに当署資産課税（担当）部門へご提出くださいますようお願いいたします。
　※　国税庁ホームページの「相続税の申告要否判定コーナー」では「相続税の申告要否検討表」が作成でき，相続税の申告の要否のおおよその判定を行うことができます。

なお，ご不明な点がありましたら，当署資産課税（担当）部門へお問い合わせください。税務署での面接相談は事前の予約が必要となりますので，あらかじめ電話にて面接日時をご予約していただきますようお願いいたします。

(注)　このご案内は，あなたが過日，市区町村に届出された「死亡届」を基に送らせていただきました。あなたが相続人等でない場合には，お手数ですが，当署資産課税（担当）部門へご連絡ください。

※　**この文書による行政指導の責任者は，上記の税務署長です。**

税務署におかけいただいた電話は，自動音声でご案内しています。担当者へのお問い合わせは，音声案内で「2」番（税務署）を選択した後，交換手に内線番号と担当者名をお伝えください。

相続税法58条では、市町村長は死亡届を受理した場合、その翌月末までに「税務署長に通知しなければならない」という決まりになっています。国税の中では〝ごっぱち〟ともいわれ、相続税の調査はまずこの通知書が来て始まるのです。税務署はこの通知書をもとに誰に調査をかけるかを検討します。このような役所間の連携によって「相続税のおたずね」が送られてくるのです。

では税務署はどのようにして、おたずねを送る先を決めているのでしょうか。ランダムに送るわけではなく、税務署独自の基準で選んでいます。

まず一次選考では、不動産の情報をもとに選びます。市区町村は税務署に通知を送ると同時に、把握している故人の不動産に関する情報なども併せて通知することになっています。

この段階で**故人が所有している財産が、相続税の基礎控除を超えていれば、送り先の対象となります。**相続税の基礎控除は、3000万円＋600万円×法定相続人の数ですので、都心に自宅を所有していれば、それだけで対象かどうか判別ができます。

次に二次選考では、KSKシステムという国税庁のデータベースを使って対象者を絞ります。ＫＳＫシステムとは国税総合管理システムの略で、財産に関する情報が入っています。**故人にいくらの収入があったのか、土地を売却していくら得たか、保険金をいくら受け取っているか、金（きん）の売却でいくら得たか**といった情報が全て集約されています。これらの情報を把握することで、相続税の対象かどうかを選びます。

これらの書類は必ずしも相続税申告が必要な方だけに送られているわけではなく、本来申告が必要でない方にも送られます。「相続税のおたずね」は、全国で年間に亡くなった方のうちの約15％の方に送付されます。相続税がかかる方が全国の約８％ですので、おたずねが届いた人のうちの約半分の方は相続税がかかりません。

●「相続税のおたずね」はいつ届くのか？

また**「相続税のおたずね」が届くのは、亡くなってから6～7か月後**です。全体の85％の方には「相続税のおたずね」は送られてこないので、亡くなってから7か月経過後に来なかったらまずは税務署からマークされていないと考えてもいいかもしれません。

ですが、**稀におたずねは期限後に来るケースもあります。この場合は相続税申告が**

必要な可能性が高いので、早急に対応しなければならないこともあります。相続税の申告期限である10か月を過ぎれば、延滞税や無申告加算税といったペナルティを払う必要があります。

●「相続税のおたずね」にはどう対応する？

「相続税のおたずね」がきたら、「申告要否検討表」に返信をしましょう（図25）。「申告要否検討表」に記載する項目は以下の通りです。

・亡くなった方の情報（住所、氏名、生年月日、死亡日、職業）
・相続人の情報（氏名、続柄）
・財産一覧（不動産、金融資産、保険金、その他財産、負債、葬式費用など）
・生前贈与（受けた人の氏名、贈与財産）

これらの項目を記載して、相続税申告の必要がないことが分かれば、「申告要否検討表」を税務署に返送すれば、やるべきことは終了です。書類の作成は必ずしも税理

7　相続人などが受け取られた生命（損害）保険金や死亡退職金について記入してください。

生命保険金等	保険会社等	金　額	死亡退職金	支払会社等	金　額
	①	イ　　万円		①	ハ　　万円
	②	ロ　　万円		②	ニ　　万円

（注）生命（損害）保険金や死亡退職金は一定額が非課税となりますので、次により計算します。※赤字のときはゼロ

生命保険金等：（イ＋ロの金額＿＿＿＿万円）－（Ⓐの人数＿＿＿人×500万円）＝ホ＿＿＿＿＿万円

死亡退職金　：（ハ＋ニの金額＿＿＿＿万円）－（Ⓐの人数＿＿＿人×500万円）＝ヘ＿＿＿＿＿万円

ホ＋への金額
Ⓔ　　万円

8　亡くなられた人の財産で、上記4から7以外の財産（家庭用財産、自動車、貸付金、書画・骨とうなど）について記入してください。

財産の種類	数量等	金　額	財産の種類	数量等	金　額
①		万円	③		万円
②		万円		合計額	Ⓕ　　万円

9　亡くなられた人から、相続時精算課税を適用した財産の贈与を受けた人がおられる場合に、その財産について記入してください。

贈与を受けた人の氏名	財産の種類	金　額	贈与を受けた人の氏名	財産の種類	金　額
①		万円	③		万円
②		万円		合計額	Ⓖ　　万円

10　亡くなられた人から、亡くなる前3年以内に、上記9以外の財産の贈与を受けた人がおられる場合に、その財産について記入してください。

贈与を受けた人の氏名	財産の種類	金　額	贈与を受けた人の氏名	財産の種類	金　額
①		万円	③		万円
②		万円		合計額	Ⓗ　　万円

11　亡くなられた人の借入金や未納となっている税金などの債務について記入してください。また、葬式費用について記入してください。

借入先など債権者の住所・所在と氏名・名称	金　額	借入先など債権者の住所・所在と氏名・名称	金　額
①	万円	③　葬式費用の概算	万円
②	万円	合計額	Ⓘ　　万円

12　相続税の申告書の提出が必要かどうかについて検討します。（概算によるものですので、詳細については税務署にお尋ねください。）

Ⓑの金額	万円
Ⓒの金額	万円
Ⓓの金額	万円
Ⓔの金額	万円
Ⓕの金額	万円
Ⓖの金額	万円
ⒷからⒼの合計額	Ⓙ　　万円

(Ⓙ－Ⓘ)の金額 ※赤字のときはゼロ	Ⓚ　　万円
(Ⓚ＋Ⓗ)の金額	Ⓛ　　万円
基礎控除額の計算 3,000万円＋(Ⓐ　　人×600万円)＝	Ⓜ　　万円
(Ⓛ－Ⓜ)の金額	Ⓝ　　万円

Ⓝの金額　《黒字である場合》相続税の申告が必要です。
　　　　　《赤字である場合》相続税の申告は不要です。

※　あくまでも概算による結果ですので、Ⓛの金額とⓂの金額の差が小さい場合には、申告の要否について更に検討する必要があります。

※　国税庁ホームページ【www.nta.go.jp】には、相続税に関する具体的な計算方法や申告の手続などの詳しい情報を記載した「相続税の申告のしかた」を掲載しておりますのでご利用ください。

平成　　年　　月　　日 住　所 氏　名　　　　電話番号	作成税理士の氏名、事務所所在地、電話番号

※　相続税の申告が不要な場合には、お手数ですが、この「相続税の申告要否検討表」を作成していただき、税務署に提出してください。

【注意】　この「相続税の申告要否検討表」は、相続税の申告書ではありません。

▶図 25　相続税の申告要否検討表

相続税の申告要否検討表（平成27年分以降用）

名簿番号	

1　亡くなられた人の住所、氏名（フリガナ）、生年月日、亡くなられた日を記入してください。

住所		氏名	（　　　）	生年月日	年　月　日
				亡くなられた日	平成　年　月　日

2　亡くなられた人の職業及びお勤め先の名称を「亡くなる直前」と「それ以前（生前の主な職業）」に分けて具体的に記入してください。

亡くなる直前：　　（お勤め先の名称：　　）
それ以前（生前の主な職業）：　　（お勤め先の名称：　　）

3　相続人は何人いますか。相続人の氏名と亡くなられた人との続柄を記入してください。

（フリガナ） 相続人の氏名	続柄	（フリガナ） 相続人の氏名	続柄
①（　　）		④（　　）	
②（　　）		⑤（　　）	
③（　　）		相続人の数	Ⓐ　　人

（注）相続を放棄された人がおられる場合には、その人も含めて記入してください。

4　亡くなられた人や先代の名義の不動産がありましたら、土地、建物を区分して（面積は概算でも結構です。）記入してください。

種類	所在地	イ 面積(㎡)	ロ 路線価等（注1、2）	ハ 倍率（注2）	ニ 評価額の概算（注3）
①					万円
②					万円
③					万円
④					万円
				合計額	Ⓑ　万円

（注）1　ロ欄は、土地について路線価が定められている地域は路線価を記入し、路線価が定められていない地域は固定資産税評価額を記入してください。また、建物は固定資産税評価額を記入してください。
2　土地に係るロ欄の路線価又はハ欄の倍率は、国税庁ホームページ【www.rosenka.nta.go.jp】で確認することができます。なお、路線価図は千円単位で表示されています。また、建物に係るハ欄の倍率は1.0倍です。
3　ニ欄は、次により算出された金額を記入してください。
《ロ欄に路線価を記入した場合》ロの金額×イの面積(㎡)
《ロ欄に固定資産税評価額を記入した場合》ロの金額×ハの倍率（建物は1.0倍）

5　亡くなられた人の株式、公社債、投資信託等がありましたら記入してください（亡くなった日現在の状況について記入してください。）。

銘柄等	数量(株、口)	金額	銘柄等	数量(株、口)	金額
①		万円	④		万円
②		万円	⑤		万円
③		万円		合計額	Ⓒ　万円

6　亡くなられた人の預貯金・現金について記入してください（亡くなった日現在の状況について記入してください。）。

預入先（支店名を含む）	金額	預入先（支店名を含む）	金額
①	万円	④	万円
②	万円	（現金）	万円
③	万円	合計額	Ⓓ　万円

士に依頼する必要はないので、自分で作成したものを返信すれば問題ありません。ただし、**課税対象額が相続税の基礎控除を少し下回っただけの場合は、注意が必要です。**一般の方では気づかない財産の漏れがあり、結果的に申告が必要となる場合もあります。このように申告が必要か分からない場合は、税理士に相談することをおすすめします。

ちなみに「相続税についてのお知らせ」が届く場合には、「申告要否検討表」が同封されていないので、国税庁のHPにある「申告要否検討表」をダウンロードしてご自身で相続税がかかるかの判定をしましょう。

●「相続税のおたずね」に回答しないとどうなる？

「申告要否検討表」の提出義務はありません。あくまでも納税者の協力のもとに行われるものなので、必ずしも提出の必要はありません。

ただし、**提出しないと、税務署からの印象はよくありません。**10人中9人は返信するものですので、返信がないと悪目立ちしていまい、かえって「やましいことがあるのではないか」と目を付けられる可能性が高くなります。また**提出がないと、税務署**

から提出を促す連絡がくることもありますので、自分の身を守る意味でも提出することをおすすめします。

●相続税申告が必要と分かったら

「申告要否検討表」を用いて、相続税申告が必要と分かったら急いで手続きをしましょう。というのも、相続税の申告期限は亡くなってから10か月後です。「相続税のおたずね」が届くのは、おおよそ亡くなってから6～7か月後ですので、そのタイミングから手続きを始めようとすると残り3、4か月しか残っていないのです。こうなると自分だけで申告書を作成するのは厳しいので、税理士の手も借りながら進めましょう。

税務調査に選ばれやすい意外な家庭3選

相続税の税務調査は、財産がたくさんある富裕層にしかこないと思っていませんか。「うちみたいに財産が少ないところには、税務調査はこない」と油断していると危険です。富裕層に優先して調査が入る事実はありますが、財産が少なくても次の三つの特徴を持つ家庭には調査が入りますのでご注意ください。

①家族が持っている財産が多い

配偶者や子供や孫など、故人以外の家族が多くの財産を持っている場合、調査に選ばれる可能性が高いと言えます。その家族の財産の中に故人のものが含まれている場合があるからです。

なかでも専業主婦は疑われます。なぜなら、お金に色が付いていないため、夫婦のお金のやり取りの中で配偶者に財産が移ってしまうことが多いからです。

専業主婦は、基本的に収入がありません。それなのに、５０００万円や1億円といった財産を持っている場合、税務署は夫の財産を預かっているのではないかと判断するわけです。**夫の退職金を妻の口座で運用している、夫が妻の証券口座を使って株式などを運用している場合などは特に危ないので、今のうちからそれらの金融資産は夫の口座へ戻すなどの対策を講じておく必要があるでしょう。**

また収入に見合わない財産を持っている家族もよく調べられます。例えば30歳で1億円を持っている孫がいたとします。一般的に30歳で1億円を貯められる人は限られていますので、税務署は故人からの財産が移っていないかを疑うのです。ここで故人からの贈与について贈与税の申告書が提出されていて、金額の辻褄が合えば問題ありませんが、計算が合わない場合は調査でヒアリングをされることになります。**調査では、生前贈与がきちんとなされているのかを徹底的にチェックされる**ことになるのです。

これらの家族名義の口座に入っている故人の財産は、名義預金と言って税務調査で最も問題となります。名義預金については、この後に解説します。

②相続税の税率が高い

相続税の税率が高いと、税務調査に選ばれる確率が上がります。**調査官からすると税率が高い家庭を選ぶほうが、費用対効果が良い**からです。遺産が2億円で相続人が2人いる場合の税率と、遺産が1億円で相続人が1人しかいない場合の税率は、どちらも30％で実は変わりません。よって財産が少なくても相続人が少ないと調査に選ばれやすくなります。

また、**兄弟や孫養子（代襲相続人を除く）などが相続人の場合は特に税率が高くなります**。なぜなら兄弟や孫養子は2割加算によって相続税が2割増しになるからです。相続人が兄弟1人の場合、遺産が1億3600万円を超えると2割加算もあいまって税率は48％まで上がります。遺産が5億円あっても相続人が3人いれば税率は40％で済むので、48％がいかに高い税率であるかが分かると思います。

このように財産額が少なくても相続人の数が少ないと調査に選ばれます。税務署は、税金を取りやすいところから調査に入ります。なぜなら税務署も人手には限界があり、費用対効果を考えてできるだけ少ない労力で多くの税金を徴収できる家庭を選んでいるからです。相続税の税率が高くなる家庭は、ご注意ください。

③申告をしていない人

税務調査に最も入られやすいのは、申告をしていない人です。**相続税の基礎控除の改正以降、税務署は無申告者への税務調査を強化しています。**

無申告者を狙うのは適正な申告を促すためという建前はありますが、実はその裏には恐ろしい真の理由が隠されています。それは次の二つです。

1．ペナルティを取れるから

申告を期限までにしないと、無申告加算税というペナルティが15～20%かかり、また延滞税も2．4%かかります。無申告の指摘をするだけで、本税とは別にこれらのペナルティを取ることができるので、調査官からすると楽なのです。

ペナルティの中でも極めつけは重加算税です。**重加算税とは、財産をわざと隠して申告しなかった場合にかかるペナルティで、最高40%も取る**ことができます。無申告は、性質上「わざと申告しませんでしたよね」と言えるので、重加算税を取りやすいのです。

2. 税理士がついておらず楽に税金を取れるから

税務調査を税理士なしで行えるということは、歴戦のプロである税務署にとって赤児の手をひねるようなものです。本来は税理士がいれば指摘されなくて済んだようなところでも、調査官の思い通りに進めることで、相続税を言い値で支払ってもらうことができるので楽に税金を取れるのです。

またこれは実際に私がセカンドオピニオンで調査のご相談にのったときの話ですが、無申告というだけで、無理やり重加算税を取ろうとしてくることもあります。重加算税は本来悪質な納税者にかけるものであって、単に申告を失念していただけでは課税されません。**調査官から言われた通りに従うのではなく、まずは税理士に相談するといい**でしょう。

税務調査の全容と調査手法の裏側を公開

税務調査と聞くとなんとなく怖いイメージがあるかと思います。一生に一度あるかないかのことですので、内容が分からないのも無理ありません。ここでは、実際の調査の流れや聞かれる質問について解説します。もし税務調査が入ったとしても、相手の戦略を知っておけば心の準備をすることができますので、確認していきましょう。

●調査の連絡

相続税申告書を提出すると、そこから1〜2年後の夏から秋にかけて税務調査の連絡が来ます。相続税の税務調査は、申告期限から5年間はいつでも入ることができますが、毎年多くの相続税申告書が提出されますので、提出してから1〜2年後に行われ、この時期を過ぎるとそれ以降は入らないことが多いです。

また、**税務調査は予告なしに行われることもあります。**税務署は、事前調査の段階で「この家庭は相当な額の申告漏れがある」と判断すると、「事前連絡をすると財産を隠される可能性もあるので、無予告調査をしよう」ということで突然税務署が家に来る場合もあるのです。

調査官には「質問検査権」があり、**拒否した場合には「1年以下の懲役又は50万円以下の罰金」**が科せられてしまいます。ですが対処法を知っておけば怖くありません。対処法は二つです。

1．延期を申し出る

無予告調査が行われた場合は、焦らずに予定変更のお願いをしましょう。「税理士に連絡するので待っていてください」と税理士が来るまで調査を伸ばしてもらう、もしくは「今日はこれから予定があるので改めてほしい」と調整をしてもらいましょう。**調査自体を拒否することはできませんが、このような調整には応じてもらえます。**

2. 相続税申告書作成時に書面添付をしてもらう

相続税申告の際、書面添付をすることで無予告調査は実施されません。書面添付とは、税理士が作成する品質保証書です（212頁参照）。これがあると無予告調査はできず、必ず**意見聴取といって、調査官は税理士と1対1での話し合いの機会を持たなければなりません。**

税理士に依頼すれば必ず作成してくれるわけではありませんので、依頼前に「書面添付はしてくれますか」と聞いてみるといいでしょう。

●調査当日

税務調査は、税理士に相続税申告書の作成を依頼していれば税理士を通して日程調整した上で行われます。場所は、亡くなった方の自宅もしくは相続人の自宅で行われることが多いです。当日調査官は2人1組でやってきます。納税者と調査官との間で言った言わないがないように、必ず2人でやってくる決まりとなっています。調査は午前10時から夕方の16時頃まで行われます。1日のタイムスケジュールは次の流れです。

10〜12時（午前中）　亡くなった方の経歴、趣味、病歴、家族の経歴や勤め先などのヒアリング
12〜13時（お昼休憩）　調査官が退席（昼食の準備は不要）
13〜16時（午後）　銀行へ同行（貸金庫がある場合）、午前中の調査の伏線を回収、家の中の確認、申告漏れ財産の指摘

調査に入る前に、名刺交換を済ませるとまず軽く雑談をします。これは緊張している納税者を和ませて証言を取りやすくすることが目的です。

そしていよいよ調査です。午前中の調査では、まだ核心には触れてきません。ここではまずご家族の経歴を聞きます。亡くなった方の出身地や学歴、職歴、どのようにして資産を築いてきたのか、その背景を探ります。特に亡くなる直前の状況は事細かに聞かれますので、闘病の頃が鮮明に思い出され、涙されてしまう納税者の方もいます。また亡くなった方だけではなく、その配偶者や子供の経歴や勤め先なども確認さ

れます。

このように、相続税の税務調査ではまず核心には触れず、亡くなった方の略歴を中心に確認します。世間話をするような感じで調査が進むため、一見何の意味もないように感じますが、実は午後に核心をついた質問をするための準備をしているのです。午前中の段階で言い逃れができないよう、納税者が油断しているうちに外堀を埋めていくのです。

亡くなった方の出身地を聞くのは、その場所の近くの金融機関に申告漏れをしている預貯金口座がないかどうか、また先代から相続した不動産がないかどうかなどを探っています。趣味がゴルフや旅行という場合には、ゴルフ会員権やリゾート会員権の申告漏れがないかを確認します。

また性格を聞くのは、その暮らしぶりからどのようなお金の使い方をしていたのかを確認します。亡くなった方が堅実でお金に厳しいタイプと証言された場合は、「通帳から不明な出金があれば、タンス預金をしているかもしれないので詳しくチェックしてみよう」ということになります。逆にギャンブルや交遊費などで散財する癖のある人だったということになれば、多少の不明出金があっても自然ということになります。

ではこれを逆手にとって、ギャンブルや交遊が趣味だったと証言し、嘘をついた場合はどうなるでしょうか。税務署はその職権を使って、実際にお店や故人の関係者へ聞き込み調査を行い、事実かどうかを徹底的に確認しますので、簡単に嘘がバレてしまいます。**嘘がバレた場合は最高40%の重加算税というペナルティが割増しでかかりますので、タンス預金を隠そうとしている場合は申告しておくほうが賢明**でしょう。

亡くなる直前の状況を細かく聞くのは、どのタイミングで家族へお金の管理が移っているのかを把握するためです。

例えば、亡くなる3か月前に500万円を引き出したにもかかわらず、この現金の申告がなかった納税者がいたとします。ここでいきなり「500万円の引き出しがありますが、内容ご存じですか？」と納税者に質問すると「いや、親のお金なので私は全く分かりません」と白を切られてしまうことになります。

税務署はこうならないように午前中の調査の段階で500万円の引き出しには触れず、何気ない会話からさりげなく相手のボロを誘うのです。

調査官「親御様はいつまでお元気でしたか？」
納税者「亡くなる半年前から体調を崩して入院をしていました」
調査官「では親御様のお金の管理はどなたが行っていたのですか？」
納税者「入院してからは私の妻が行っていました」

このような具合に核心に触れる前に裏取りできれば、500万円は親が引き出したという言い訳ができず、納税者が分からないと言い逃れできなくなります。

また病院費用や葬儀費用の引き出しも、亡くなる直前でされることが多く税務署は必ず確認してきます。特に引き出したお金と、手元に現金として残っているお金の整合性が取れているのかを徹底的にチェックします。

使って手元にないからと無視していいわけではなく、あくまで亡くなった時点での手元現金を計算します。よって、生前に引き出した葬儀費用は申告しなければなりません。ただし、一定の葬儀費用は相続税の計算上差し引くことができますので、全て申告しなければいけないわけではありません。

調査官は老人ホーム費用も狙っています。

入居費用は老人ホームによって様々です

が、一部返還される場合もあり、この部分の申告漏れが多いのです。例えば、老人ホーム入居金として１０００万円を支払い、亡くなった際に５００万円が返還される場合は、この５００万円も相続財産に加えて計算しなければなりません。相続税の税務調査に入られてしまう最も大きな原因は、このような預貯金の計上漏れです。

　また子供や孫の経歴や職業を聞くのは、年齢や職業に見合わない財産があるかどうかを確認するためです。例えば30歳の孫が金融資産を1億円持っていたとします。一般的に30歳で1億円を自分で蓄財することは難しいので、両親や祖父母からの援助があったと考えることが自然です。もしこの孫が一般的な企業に勤めているという内容を税務署が聴取できれば、1億円の財産をどのように形成したのかを午後の調査で追及することができるのです。

　このように午前中の調査では、納税者に悟られずに、後々言い逃れができないように外堀を埋めてくるのです。調査官の質問には全て意図がありますので、心に留めておきましょう。

午前中の調査が終わると、それぞれが昼食を取ります。調査官は退席しますので、昼食の準備をする必要はありません。ここで調査官は、午後の調査に向けて作戦を練ります。

そして午後の調査です。午後の調査では、家の中にあるものの確認や、午前中に張り巡らせた伏線を回収していきます。

税務調査と聞くと家の中をくまなく荒らされるイメージを持つかもしれません。これは、半分正解です。悪質な脱税をしていなかったとしても、家の中を確認されることは多いです。

実際、私が過去立ち会った調査では「タンスの引き出しを全て開けさせてほしい」と言われ、家にある全てのタンスの中身を確認されたこともあります。他にも金庫を開けなさいと言われたり、貸金庫がある場合は銀行に同行し中身を確認されたりすることもあります。

税務調査は任意のため嫌であれば断ることも可能ですが、頑なに拒み続けると調査が厳しくなることもあるので、従わなければならないことも多いです。ただし抵抗がある場合は、「ここに通帳を持ってきます」といってタンスの中身を見せずに、必要なものを持ってくるだけで済むこともあります。

税務調査の最後で「一筆もらっていいですか？」と言われることがあります。これは税務調査内で発覚した事実を証拠として残すために、納税者がサインをするものです。内容によっては、重加算税という最も重いペナルティを科すための証拠として使われることがあるため、署名するかどうかは慎重に判断しなければなりません。ではどのように対処したらいいでしょうか。対処法は二つです。

1．内容を精査した上で署名する

調査官が調査内でのやり取りを記録しているので、その中身にしっかりと目を通し解釈が間違っている部分などないかを確認します。表現方法によっては、事実と違った捉え方をされてしまう場合もありますので注意をしましょう。

2．拒否する

この署名は拒否することもできます。一方で拒否をすると「この家庭は非協力的だから、さらに調査を厳しくやるぞ」と調査官から思われることで、調査が長期化する可能性もあります。よって内容を十分に精査した上で署名することをおすすめします。

なぜ、タンス預金は税務署にバレるのか⁉

みなさんは「銀行からお金を引き出してどこかに隠せば、税務署には見つからないのではないか」と考えたことはありませんか。この考えは甘いです。**タンス預金を隠そうとしても、後々高い確率で税務署に暴かれます。**彼らは歴戦の猛者です。誰もが一度は考えるような脱税の手口は、いとも簡単に見抜かれてしまいます。

もし脱税が見つかれば、重加算税という重いペナルティがかかる上に、最悪逮捕される可能性もあります。このパートでは、脱税をたくらむ主人公Aさんを題材に、税務署がどのようにタンス預金を調査していくかを解説します。

物語は、ある日、Aさんの父が体調を崩してしまうところから始まります。病院で診てもらった結果、父は余命3年と宣告され、それ以降は入院生活を送ることになりました。父は妻に先立たれており、身寄りは息子のAさんだけでした。

そこで父はAさんにある頼みごとをします。「息子よ。俺は今までたくさん働いてたくさん税金を払ってきた。そして1億円も財産を築いた。せっかくここまで財産を築いてきたのに、最後相続税で何千万円も取られるのはかなわん。どうにかならんか」

仮にこのお父さんが亡くなると、相続税はどれくらいかかるのでしょうか。財産額が1億円、相続人が息子のAさん1人の場合、相続税は1220万円かかります。相続税の基礎控除は、3000万円+600万円×法定相続人の数で、このバーを越えてしまうと相続税がかかります。このお父さんの場合、基礎控除が3600万円(3000万円+600万円×1人)ですので、財産額がこの額を下回れば相続税はかかりません。

息子のAさんは、税理士などには頼らずに相続税がかからない方法を考えました。そこである一つの結論を出します。「そうだ。お父さんの口座からコツコツお金をおろして、自分の貸金庫に隠せば、口座の残高が相続税の基礎控除の3600万円以下になるから、相続税はかからないな」

このことを話すと父は「そうか。相続税のことは任せた。私の通帳と印鑑を預けるから好きなようにしてくれ」ということで、Aさんに通帳などを預けました。

そこからAさんは、父の入院生活中に毎月父の口座から100万円以上をコツコツ引き出し、3年後に口座の残高を3000万円まで減らしました。Aさんは途中でいくら引き出しているかを把握するために、財産管理ノートを作成し、金庫内に保管されている財産を詳細に記載していました。

Aさんは「父さん！　ついに引き出しが終わったからもう相続税はかからないよ！」と伝えると父は「そうか。これで安心だ」と言い残してその数か月後に息を引き取ります。

遺産が相続税の基礎控除である3600万円を超えた場合、相続税申告が必要となります。この場合、財産は口座に残っている3000万円だけなので「相続税申告は必要ない」というわけにはいきません。銀行にある3000万円とタンス預金7000万円の合計1億円をお父さんの財産と考えますので、相続税申告が必要です。

相続税申告は、亡くなってから10か月以内に行う必要があります。ところがAさんは「銀行口座には3000万円しか残っていないから、税務署には相続税申告をしなくても何も言われないだろう」と考え、相続税申告の準備は一切しませんでした。

税務署の調査は、このタイミングから、水面下で行われています。まず亡くなって6か月後頃に、「相続税申告等についてのご案内（相続税のおたずね）」という書類を送ります。これには、相続税がかかる家庭に「あなたは相続税申告が必要なので、期限までに申告してください」ということを伝えるという目的があります。よってこの書類が届いた家庭は税務署からマークされているのです（215頁参照）。

またこの通知には、「申告要否検討表」という名前のアンケートが入っています。これには亡くなった方の遺産やその他の情報を記載し、返信する必要があります。

ですがこれを見たAさんは、「口座の残高上、3600万円を下回っているし、関係ないからこの書類は無視しよう」ということで何もせずにいました。

そこから約2年が経過し、「へっへっへ。やっぱり相続税はかからなかったか。意外と税務署はちょろいなぁ」とAさんが安心しきっていると、ある日、一本の電話が鳴ります。「税務署のものですが、お父さんの税務調査を行わせてください」ということで、税務署はＡさんが脱税していることに気づき、税務調査が入ることになりました。

相続税の税務調査は、財産が何億円もある資産家だけに入ると思われているかもしれませんが、このような明らかな脱税があった場合、その規模を問わず行われます。1度税務調査が入ると、そのうちの約87％の家庭が何らかの追徴課税を受けることになります。

では、なぜ税務署はＡさんの脱税に気づいたのでしょうか。それはＫＳＫシステムです。ＫＳＫシステムには、今まで年収をどれくらいもらっていたか、不動産の賃貸収入があるか、過去に不動産を売却して高額なお金が入ったか、多額の保険金を受け取っていたか、金（きん）の売却をしてお金が入ったかなどの情報が入っています。

税務署は、このような財産とお金にまつわる情報を、支払調書を通じて把握します。相続税がかかるような資産家は、過去にこれらの収入の痕跡を残しているので、税務署はＫＳＫシステムの情報からどれくらいお金を貯めているかを推定します。

よって財産の推定額と納税者の申告とに大きな差がある場合は、「この家庭は何か財産を隠しているに違いない」と気づくのです。

違和感に気づくと、税務署は次に金融機関に調査をかけます。税務署は、その職権で最長10年分の預金取引を全て確認できます。故人だけではなく、その家族の通帳も全て確認します。超富裕層で何年も前からマークされている場合や、調査で現物確認される場合は、10年以上の期間を見ることもあります。特に亡くなる直前3年間は重点的に見られます。

もし亡くなる直前に多くの引き出しがあるのに、家族の通帳に預金がない、また贈与税申告もされていないということであれば、どこかにタンス預金がある可能性もあるなという推測ができるため、税務調査の対象となるのです。

このままではバレてしまうと考えたAさんは、慌てて貸金庫の中にある7000万円をリュックサックに入れて自宅の押し入れに隠しました。

そしていよいよAさんの自宅で調査が行われます。調査官が「過去に何度もお父さんの通帳からお金が引き出されているようですが、内容をご存じですか」と尋ねるとAさんは「通帳は父が管理していたので、私は全く分かりません」と嘘の回答に終始しました。

また調査官はAさんに対し「お父さんの通帳を見せてください」と聞くとAさんは「嫌だ。見せる必要はない」と頑なに拒否し説得に応じませんでした。

次に調査官は「貸金庫を見せてください」と尋ねると「貸金庫には何も入っていないから見せる必要はありません」と答えAさんはこれに応じませんでした。

調査の初日はこれで終了し、何も進展はありませんでした。Aさんは「調査は楽勝だったな♪」と安堵する裏で、調査官はAさんの態度や状況を見て脱税を確信し、闘志に火が付きます。

次に調査官は、金融機関への反面調査を開始します。反面調査とは、税務調査の対象者本人ではなく、関係先に対して行われる調査のことです。そこでAさんの勤務先付近の銀行ATMでお父さんの口座から100回以上の出金がなされている事実を把握します。さらに、ATM防犯カメラおよび貸金庫の開閉記録を確認によって、引き出しをしたのがAさんであり、出金を行った日にAさん名義の貸金庫が開閉されているほか、調査初日の1週間前に金庫を開けていた事実も把握するのです。

そして後日、調査官は2回目の調査でAさんにこれらの事実を突きつけます。「防犯カメラの記録を見ると、お父さんの口座からお金を引き出したのはAさんであることが分かりました。さらに引き出したのと同日に貸金庫を開閉している事実が確認できました」と話すとAさんは「忘れてしまって、分かりません」と白を切りとおします。

調査官はさらに「調査初日の1週間前にも金庫を開けた記録があったのですが、何を持ち出しましたか？　つい先日ですので忘れたとは言わせません」と問い詰めるとAさんは「印鑑と通帳を取りに来ました」と嘘の回答をします。

調査官はAさんの態度を見かねてついに「嘘をついていませんか。こちらには証拠が揃っています。嘘でないならお家にあるものを確認させてください」と強硬手段に出ます。Aさんはやむなく許可すると、多額の現金が詰められたリュックサックと財産管理ノートが発見されました。

これで言い逃れができなくなったAさんは、リュックサックの中の現金はお父さんが亡くなる前に口座から日々引き出したものであること、またバレないと思って相続財産が基礎控除額以下となるようにしてわざと申告をしなかったことを認めました。財産管理ノートに金庫内に保管されていた財産が詳細に記載されていたことも、事実を裏付ける証拠の一つとなりました。

結果的にAさんは、本来支払うべき１２２０万円の相続税に加え、ペナルティである重加算税と延滞税を約５００万円追加で支払うことになりました。

このようにタンス預金をして脱税をしようと思っても、税務調査で暴かれてしまいます。特に脱税をしようとしている納税者に、税務署は厳しく対応します。証拠集めや質問攻めをすることで逃げ道をふさいでいくのです。

通帳から引き出しが多い場合には、その用途について徹底的に質問されます。キャッシュレスな現代において、現金引き出しの用途はかなり限られています。例をあげると以下のようなものがあります。

- 食費
- 旅行、趣味など（クレジットカードで払っていたら現金を引き出す理由なし）
- 家賃やローン返済（高齢で持ち家の場合は出費がないことがほとんど）
- 教育費（学校や塾への直接の振り込みであれば、言い訳にならない）
- 水道光熱費（引き落としがほとんど）

・医療費（確定申告の医療費控除の明細で金額は税務署に把握される）

また、調査が来ないからと、生前に親の口座から引き出したタンス預金を相続人の通帳に入金すると、直ちに税務署は脱税を見抜きます。相続発生後から税務調査が行われるまでの期間の相続人の通帳を調査官は必ず確認します。

この点を指摘された場合も言い逃れは難しいです。なぜなら入金の機会は限られているからです。もし相続人がサラリーマンであれば、入金の機会はお給料とボーナスの二つのタイミングしかありません。急に１００万円を超えるような多額の入金がある場合は、これは何のお金かと問い詰められることになります。

納税者が考えることは一緒で、脱税の手法は昔から変わっていません。よって調査官は、この手の調査に慣れており、このように非常に厳しいのです。ですから、脱税を考えるのではなく、合法的な相続税対策を行いましょう。

正攻法で進めることで、金銭的にも精神的にもお得に対策ができます。タンス預金の脱税はリスクの割に節税できる額が限られています。第1章から第5章まで説明したことを参考に、正しい相続税対策をしていきましょう。

税務署が最も狙っている名義預金

家族名義の通帳を作って預金をしていませんか？　実はやり方を間違うと、将来多額の相続税をとられる可能性があります。親から子へお金をあげると贈与となり、年間110万円以内であれば非課税です。

ですが、**単に親が子供名義の通帳に預金をしても、贈与とはなりません。**名義が子供であっても親が管理している場合は実質的に親の財産とみなされ、家族名義の預金に対しても相続税がかかります。これを名義預金といって、相続税の税務調査では最も問題となるのです。このパートでは、名義預金と見られてしまうご家族の典型的なパターンをご紹介します。

登場人物は、父・母・子供、このお父さんは「将来子供にかかる相続税を減らしてあげたい」と考えていました。そこでお父さんは「毎年110万円を子供の通帳に移して自分の財産を少しずつ減らしていこう」と思いつきます。

お父さんは相続税を減らすために、贈与税がかからない贈与税の基礎控除である110万円の範囲内で、毎年子供名義の通帳に振り込みをしていました。一方でお父さんは「子供たちへお金を渡してしまったら、無駄遣いされてしまうかもしれない」と考え、通帳は手元に保管して、子供にこのお金のことを内緒にしていました。よって、子供名義の預金に関わる通帳・印鑑キャッシュカードなどは、全て父の自宅にある金庫内で保管されていました。

時が経ちこのお父さんが亡くなります。相続人である母と子供は、悲しみに暮れながらも、きちんと相続税申告と納税を期限内に行いました。

それから約2年後、相続税のことなんて忘れていた最中に、税務調査の連絡が来ます。調査当日になると、調査官は2人1組でやってきてお父さんのことを根掘り葉掘り質問します。そしてついに子供名義の預金口座についても質問されます。「こちらの子供名義の銀行預金はどのように貯めたかご存じですか？」と聞かれるとお母さんは「これは主人が秘密の生前贈与で110万円ずつ積み立てをしていました」と答えてしまいます。この証言をとった税務署は、心の中でガッツポーズをしながら**「子供の銀行預金は、実質的に亡くなったお父さんの財産なので相続税を追徴課税します」**と言ってくるのです。

親が子供にコツコツ生前贈与してきたにもかかわらず、その苦労が全て無駄になり、最終的に相続税を追徴課税されてしまうこの問題のことを**「名義預金の問題」**と呼んでいます。

名義預金のようなものは他にもあり、名義株式や名義保険にも気をつけなければなりません。

名義株式は、実質的には父のものである家族名義の株式や公社債、投資信託を言い、相続税の課税対象となります。**特に中小企業オーナーは、自社株式の名義に家族を入れていることが多く、その株式が実質的に誰のものなのかを徹底的にヒアリングされます。**

また、見落としがちなのが**名義保険**です。**子供が被保険者になっている保険契約でも、保険料を支払っているのが父である場合には、実質的に夫の財産**となります。名義保険は、保険契約の解約返戻金相当額が相続財産に加算されます。

生前贈与が成立する二つの条件

先ほどの家族は、なぜ名義預金として相続税を追徴課税されてしまったのでしょうか。それは生前贈与ができていなかったからです。ではここからは税務署は生前贈与をどのように判断しているのか、また名義預金とされないためにはどうすればいいのかを説明します。生前贈与を税務署に認めてもらうためには、次の二つの条件を満たす必要があります。

1. お互いの意思確認

生前贈与の定義は相続税の規定ではなく、民法549条で定められています。内容をかみ砕くと「生前贈与とは、財産を渡す側があげますよという意思表示をして、もらう側ももらいましたとお互い意思表示をして初めて成立する契約行為です」ということが書かれています。

よって一つ目のポイントは、**父と子供との間で「あげた、もらったの約束がきちんとできていたのかどうか」**という部分となります。先ほどの家族の場合は、お父さん側に渡す意思があったものの、受け取る子供側には知らされておらず贈与の認識がないため、お互いの意思確認は取れていなかったことになります。

子供側に意思がなかったという話でしたが、これが逆転することもあります。それは認知症の場合です。お父さん側に渡す意思がなく、子供にはもらう意思があるといった場合にも名義預金の問題が生じます。

認知症になるとそれ以降は、渡す側が意思表示をすることができないため、生前贈与での対策はできなくなります。仮に子供が親の口座を管理していて、お父さんの口座から自分の口座へ生前贈与のつもりで１１０万円を振り込んだとしても、税務調査で認知症であったことが判明すると生前贈与は無効となり、名義預金として相続税を追徴課税されてしまうのです。税務調査では、お父さんの生前の健康状態や認知症があったか、口座は誰が管理していたかなどを細かく確認してきますので、事実を隠すことは難しいです。

2．もらった人がお金を自由に使えていたか

生前贈与を認めてもらうには、一つ目の条件である**お互いの意思確認だけが取れていればいいわけではなく、お金を自由に使えていたかという条件も両方満たしていなければいけません。**

どちらかというと、この自由に使えていたかどうかという条件を税務署はより重視します。名義預金として税務署から否認されるパターンの多くは、「あげたお金の使い道に文句を言うケース」です。

例えば、「このお金はお前に渡すが、将来お父さんが困って必要になった場合に備えて使わずに持っておきなさい」と渡したお金の使い道を渡す側が決めてしまうことがあります。本来お金はもらったら自分で自由に使えなければなりません。旅行やブランド品を購入しても問題ないわけです。ところが、**お父さんから「使うな」といわれていたら、生前贈与はできていないことになります。**今回の家族の場合は、子供はそもそも預金の存在すら知らなかったためお金を使いようがなく、この条件も満たしていないことになります。

またこの話をする際によく出てくるのが「妻のへそくり」です。毎月夫から妻へ生活費を渡し、その生活費の余りをコツコツ貯めてできたへそくりはいったい誰のものなのでしょうか。税務署はこれも夫のものであると考えます。「へそくりは私が貯めてきたのにひどい！」ということで、気持ちは確かに分かります。ですが、過去の判例で「へそくりは夫婦共有のお金なので、その帰属は元々稼いできた夫である」ということになってしまったのです。

ポイントは、**「へそくりは夫婦共有の生活資金」**という部分です。もし妻に「生活費を使ってブランドバックを買っていい？」と聞かれたら、夫は「それは生活費だから無駄遣いするな」と返答する方が多いと思います。よってへそくりは妻が自分で自由に使えないお金ということになり、へそくりは生前贈与ができていないということになるのです。

ここからはどうすれば二つの条件を満たし税務署から生前贈与を認めてもらえるのかを説明します。

まず条件一つ目のお互いの意思確認です。これを証明するには、贈与契約書を作成しましょう。**贈与契約書を残しておくことによって、あげたもらったの約束ができます。**贈与契約書には金額、日付を書いて、あげる人・もらう人のそれぞれの署名捺印をしましょう。

この際、間違っても贈与契約書には1人の方が2人分の名前を書かないようにしましょう。例えばお父さんが子供の名前を書いてしまうと、税務署から「この署名は二つとも筆跡が似ているな。子供が署名しているか曖昧だからきちんと税務調査をしたほうがいいかもな」ということで、せっかく作成した贈与契約書がかえって税務調査を誘発してしまうきっかけとなることがありますので要注意です。**作る際は必ずあげる人・もらう人両者の署名捺印が必要です。**ただしお金をもらう側が未成年の場合はその親権者が代筆すれば問題ありません。

また契約書はきちんとその都度作成することが必要です。贈与契約書の作成をしていなかったからといって、間違っても贈与契約書を遡って作成しないようにしましょう。トラブルのもとになります。

●実印空押しで贈与契約書の偽装はバレる

よくある調査手法として「実印空押し（から）」があります。これは調査官が、贈与契約書が偽装されたものでないかを確認する際に使う手法です。やり方は、相続人から亡くなった方の実印を預かり、朱肉を付けずに押印します。一見何をしているか分からないかと思いますが、これをすることで直近実印を使っている形跡がないか確認しているのです。本来亡くなった方の実印であれば2〜3年放置されているので、紙に朱印が付くはずないのですが、直近使ったものだと拭き残しが紙に付くことがあるのです。朱印が付いた場合に税務署は「何で朱印が付いたのですか。最近使用しましたか？」と相続人に問い詰めることがあります。

このようにして贈与契約書の偽装がバレると、かえってやましいことがあるのかと税務署から疑われてしまいますので、贈与契約書の偽装はしてはいけません。先ほども言ったように、税務署は二つ目の条件であるお金を自由に使えていたかどうかを重視する傾向があるので、もし贈与契約書の作成を忘れても、あきらめて下手なことをしないが吉です。

●111万円の生前贈与は税務調査を誘発する

111万円の生前贈与をすると贈与税の基礎控除である110万円を1万円だけ上回り、1000円納税が発生します。これは、「私は贈与税申告をして贈与税を払っているから、生前贈与を認めてください」と、税務署にアピールするために行うことが多いです。

ですが、これがかえって税務調査を誘発することがあるのです。これはなぜかというとお父さんが勝手に申告書を提出してしまうからです。**贈与税申告は、本来お金をもらう子供が自分で行うものです。**それをお父さんがやってしまうと、お父さんの筆跡で子供の名前を書いた申告書が提出されてしまうのです。すると税務署は、「この筆跡はお父さんのだな。生前贈与がきちんとされていない可能性があるぞ」ということで、調査を誘発してしまうことになるのです。

次に条件二つ目のもらった人がお金を自由に使えていたかどうかです。この条件を満たすためには、**「通帳・印鑑・キャッシュカードをもらった本人が自分で管理をすること」**が必要です。

これらの管理状態を、調査官はしっかりとチェックしてきます。「通帳の管理などは誰がされていますか？」と聞き、子供が管理していると回答された場合は「ではどこにあるか分かりますか？　どの棚に入っているか指をさして教えてください」というようにどの場所で管理していたかまで聞かれます。「場所は分かりません」などと回答してしまうと、自分で管理ができていなかったとみなされてしまいます。

お金をもらう側が未成年の場合は、その親が通帳等を管理していれば問題ありません。ただし**18歳になったら、親から子供へ通帳等を渡さなければなりません。**

またこの話に関連して税務調査で真っ先に名義預金と疑われる通帳の特徴があります。その特徴とは、「入金しかない通帳」です。通帳の預け入れ欄には毎年110万円の振り込みがあるものの、引き出し覧はどこまで行ってもずっと空白で一切引き出しがないといった通帳です。

これが見つかると税務調査で不利になります。例えば「何でこの通帳からお金を引き出さなかったのですか」と聞かれた際に、「この通帳は父が使わせてくれませんでした」と言ってしまうと、名義預金と認定されてしまいます。この質問に対し「このお金は親からもらった大事なものなので一切手を付けず残してあります」と回答できれば名義預金とされることはありませんが、税務調査に入られやすくなる原因になります。

これを避けるためには、**生命保険の活用**をおすすめしています。流れとしてはまず親から子供名義の通帳に生前贈与をします。そしてこの贈与されたお金を原資に子供が保険に加入するという形にして、子供名義の通帳に出金の履歴を残すことでお金を管理して使っていた証拠ができるので生前贈与を税務署から認めてもらえるのです。

さらに生命保険を活用した対策をすると、相続税の税務調査の問題だけでなくお父さんの悩みも解決できます。これを説明するにあたって、そもそもなぜ名義預金の問題が起こったのかを振り返る必要があります。先ほどの名義預金と認定されてしまったお父さんの考えていたことは、「将来子供にかかる相続税を減らしてあげたい」想いと、「お金を子供に無駄遣いをさせたくない」という相反する二つの想いが重なって名義預金という問題が出てきてしまったのです。結果的にこのお父さんの気持ちは踏みにじられてしまうことになるわけです。

生命保険を活用するとこの二つの問題を解消できます。まず先ほど説明したように相続税の税務調査対策になるという側面が一つあります。またもう一つは子供が無駄遣いしないようにお金にカギをかけることができるのです。もちろん保険を解約してお金を使われてしまう可能性は残りますが、途中で解約すると目減りをしたり、解約手続きの手間があったりと多少のハードルを設ける効果があるのです。生前贈与に抵抗がある方は、このような保険を使った対策を使われている方が多くいます。

私はいつも、「生前贈与をする際は、贈与契約書を作成して、親の口座から子供の普段使いの口座へ振り込みをしましょう」とお伝えしています。この方法であれば基本的に税務署から指摘されることはありません。

よく「親のタンス預金から生前贈与を受けていますが、問題ありますか？」と聞かれることがありますが、税務署から認められない可能性が高いです。

例えばタンス預金から子供へ生前贈与をして子供もタンス預金にしていると、親が亡くなった際に残っているタンス預金が、生前贈与で毎年コツコツもらったものなのか、親のタンス預金を一気に移したものなのかが分からないため、納税者側がきちんと証明しなければ生前贈与は認められないのです。この場合は、もらったお金を銀行に預ける、また毎年その都度贈与契約書を作成しておくなどの準備をする必要があります。

名義預金がある場合はどうすればいいか

ここまで、子供名義の預金でも実質的に親の財産である名義預金は、税務調査で最も問題になると説明してきました。ここでは、名義預金に関連してよくある次の二つの質問について答えたいと思います。

●名義預金がある場合はどうすればいいか

まず一つ目は、名義預金がある場合どうすればいいのかという質問です。名義預金が見つかった場合には、次の三つの方法で解消することができます。

①親の口座へ戻す

名義預金は子供名義の通帳の中に入っているお金ではあるものの、実質的には親のものである預金を指します。言い換えると、親の財産を子供の通帳に預けているにすぎません。よって名義預金として子供が預かっているお金がある場合は、親の通帳に返しましょう。

親にお金を返すとその送金に対して贈与税がかかるのではないかと心配される方も多いですが、ご安心ください。子供の通帳に入っている親のお金を親の通帳に戻すことは、単に元々あったところに戻すだけですので、贈与税がかかることはありません。経緯をきちんと税務署に伝えれば全く問題ありません。

税務署は、親から子供に対する財産の移転に対しては厳しく追及する一方で、子供から親に対する移転にはあまり追及しないことが多いです。なぜなら税務署は、親から子供に財産を移せば贈与税、亡くなったときに財産が移れば相続税を課税できれば問題ないと考えるからです。よって子供から親に対してのお金の移転についてはあまり追及することはありません。

ただし、それでもなお心配という方は、覚書などを残しておくといいかと思います。

②名義預金を相続税申告する

名義預金が見つかった場合は、相続税の申告をしましょう。名義預金が見つかることは、特に怖いことではありません。名義預金を申告せずに税務調査を受けて指摘されることがリスクであって、最初からきちんと申告していれば何ら問題はありません。名義預金をきちんと相続財産に加えて相続税を払っていくという手続きを踏みましょう。

ただし原則的には、相続人が財産を相続することになりますので、仮に名義預金が孫名義の場合、孫は相続人ではない（代襲相続を除く）ので財産を相続できません。よって孫名義のお金は、相続人であるその孫の親が1度財産を引き継ぐ必要がありますので、孫名義の通帳からその孫の親の口座へ送金しなければなりません。ただし遺言書で、この通帳は孫へ渡すと書いてあれば、こういった手続きは必要ありません。

③きっちり贈与税の申告をする

名義預金を見つけた場合は、金額によっては贈与税の申告をしてしまうという方法もあります。500万円の名義預金が見つかった場合、その時点で贈与があったと考えて、500万円に対して贈与税の申告をして、贈与税を約50万円支払うという流れです。

このように贈与税の申告をして贈与税を払うことで名義預金を実質自分のものにできます。わざわざ贈与税を払うなんてもったいないと思われるかもしれません。確かにおっしゃる通り相続税がかからない方はわざわざ贈与税を払うのは非常にもったいないと思います。

ただし次の二つに該当する方は、贈与税の申告をしたほうが得になる可能性が高いです。一つ目は相続税の税率が高い方です。第4章で詳しく解説しましたが、相続税の税率が高いと贈与税を積極的に払ってでも贈与で財産をもらったほうがいい場合もあります。よって相続税の税率が高い方は、前もって贈与税を払ってでも財産をもらったほうが得です。

次に二つ目は、どうしてもその財産が欲しい場合です。名義預金は、そもそも親の財産ですので、他の相続人である兄弟ももらえる権利があります。そのお金をどうしても自分のものにしておきたいのであれば生前贈与してもらうことも一つの手かと思います。どうしてもこの財産が欲しいという場合は、贈与税を払ってでも手に入れるメリットがあります。

●名義預金に時効はあるのか

名義預金に関連していただく質問の二つ目は、名義預金に時効はあるのかという質問です。結論、名義預金に時効はありません。なぜなら名義預金というのはあくまで親の財産だからです。通帳の名前が違うだけで、親のものであることには変わりません。よって名義預金が親のものであるという事実は残り続けますので、数十年前からあったとしても相続財産として計算する必要があります。

なぜ名義預金に時効があるかという質問が出るかというと、贈与税の時効と混同しているからだと思います。贈与税には時効があり、原則6年、脱税目的で故意に申告しなかった場合は7年です。この期間を過ぎると、贈与税を支払う義務がなくなり、税務署も贈与税を取ることはできません。

贈与税の時効は、申告期限の翌日が起算日となるため、贈与のあった翌年の3月16日からカウントします。例えば2024年4月1日に贈与した場合は、2025年3月16日からカウントし原則は6年経過した2031年3月15日に時効が成立します。

ただし、贈与税の時効を狙ってわざと申告しないことは非常に危険ですのでやめましょう。たまたま知らずに申告漏れしていたのであれば仕方ないですが、申告の必要があることを知りながらわざとしなかったことを税務署に指摘された場合は、重加算税など重いペナルティを科せられる可能性もあります。よって申告義務があると分かったら、すみやかに贈与税の申告をしましょう。

また税務署は、贈与税の時効を簡単に認めてはくれません。預金の贈与があっても、もし時効で贈与税が取れない場合は「名義預金として相続財産に含めて相続税を払いなさい」と指摘されます。贈与の事実があれば相続財産にすることは難しいので、実際のところは調査官によっては折れてくれることもありますが、このような指摘が来ることは覚悟しておかなければなりません。

税務調査でやってはいけないこと3選

実は納税者が嘘をつくと税務署は喜びます。なぜなら税務署は納税者の嘘を立証できると、より多くの税金を取れるからです。

嘘をつくような悪質な納税者には「重加算税」という重いペナルティを科すことができます。ペナルティにもいくつか種類があり、**単純な財産漏れの場合は「過少申告加算税」（5～15％）で済みますが、悪質な脱税を図った場合は「重加算税」（35～40％）が科せられます。**調査官が昇進できるかはこの「重加算税」を取れるかにかかっているのです。

では調査官はどのようにして納税者の嘘を立証するのでしょうか。それは「答えを知りながらも、その内容をあえて質問する」という方法です。税務調査は入念に下調べをした上で行われますので、連絡がきた時点で調査は既に半分以上終わっていて、多くの情報を握っています。

嘘をついて悪質な脱税をしている納税者かどうかを判断するために、調査官は調査全体を通じて「この納税者はどういった性格や属性なのか」をチェックしています。調査官は既に把握している事柄を質問し、納税者が嘘をついていないかをさりげなく確認してくるのです。調査官に対しあまり協力的でない態度をとる、嘘や間違ったことを回答する場合などは「この納税者はあまり信用が置けない」と考え、調査を厳しく進めるのです。

それでは調査官に悪質な脱税をしている納税者と思われないようにするにはどのようにすればいいのでしょうか。税務調査でやってはいけないことを三つ説明します。

①嘘をつく

税務調査で嘘をついてはいけません。税務署の調査官は調査のプロです。手を替え品を替え同じ質問を別の角度から何度もしてきます。一つでも辻褄が合わなければ「さっきこうおっしゃっていましたが、矛盾していませんか？」とすぐに嘘はバレてしまいますので**調査官を欺こうとは考えないように**しましょう。

②質問に答えない

税務調査には**なるべく協力的な姿勢で臨みましょう。**調査官の質問に一切答えず、協力的な姿勢を見せないと「この家庭はやはり何か隠しているな、もっと調査を厳しくしよう」と思われてしまいます。税務調査は基本的には任意なので黙秘もできますが、調査が長引く原因になってしまいます。調査官は他にも事案を抱えていますので、協力的な姿勢で臨めば深掘りされずあっさりと調査が終わることも多いのです。

③曖昧な記憶で回答をする

税務調査では、曖昧な記憶で回答しないようにしましょう。回答が事実と違っていた場合には「この納税者の証言は、あまり信用できないな。もっとしっかり調査をしたほうが良さそうだな」ということで調査がより厳しくなるのです。もし**記憶に自信がなければ、はっきり「分からない」と答えましょう。**

調査官の闘志に火をつけてしまうこれらの行動は絶対にしないようにしましょう。

●コラム

贈与税を払わなくても税務署にはバレない!?

ここだけの話ですが、実は日本国民の99%は贈与税を払わなくても税務署から贈与税を支払ってくださいと言われることはありません。税務署は、基本的に贈与税の税務調査は行いません。現に私のお客様で、贈与税の税務調査に入ったということを一度も聞いたことがありませんし、色々な国税ＯＢの先生方に聞いても贈与税の税務調査はやったことがないと口を揃えて話します。

なぜ税務署は贈与税の税務調査を行わないのでしょうか。理由は、贈与税は相続税の補完税であり、贈与税は相続税のおまけ的な位置づけであるからです。第4章のコラムで詳しく説明していますが、贈与税は、相続税の脱税を防ぐために設けられた税金ですので、そもそも相続税がかからない方のところにわざわざ贈与税を取りにいかないのが調査官の共通見解としてあるようです。

今後もしマイナンバーが普及して国民の通帳の動きを逐一税務署が把握できるようになったとしても、基本的に贈与税の税務調査を行わないと思います。なぜなら相続税・贈与税を担当する税務署の資産課税部門はとても人員が少なく一人ひとりの贈与税を気にしている暇がないからです。親から子供にお金が移ったとしても、果たしてそれが贈与なのかお金の貸し借りなのかはそれだけでは判断がつかないため、調査でヒアリングしなければならないということになりますが、もし贈与でなければ徒労に終わることもあります。よって相続税の無申告事案や財産の計上漏れがある相続税の案件から優先して調査するのです。

ただし次の三つのケースに当てはまった場合は、高い確率で贈与税の申告漏れを指摘されますのでご注意ください。

①相続税の税務調査が行われる場合

親が亡くなって相続税の申告書を提出すると、1、2年後に相続税の税務調査が行われます。税務署は故人とその家族の通帳を10年分チェックし、贈与の実態がないかをくまなく確認した上で、贈与税の申告漏れを見つけると指摘するのです。

②不動産を購入した場合

不動産を購入すると登記簿謄本に所有者の名前が入り法務局から税務署へ情報が伝わります。すると税務署はその所有者に、「その不動産はどうやって買いましたか」というおたずねを入れます。例えば、「この不動産の価格は5000万円ですが、このうち親から援助してもらった分はありますか？」といった具合です。この際もし「1000万円は親から負担してもらった」ということになると贈与税を200万円近く払う必要があります。

③支払調書を通じて税務署が把握できる場合

他にも金の売却をした場合などにも贈与が税務署に伝わるケースがあります。なぜなら200万円を超える金地金（きんじがね）を売却すると、買い取った店舗は支払調書を税務署に提出しなければならないからです。収入のない方や未成年などが高額な金の売却をすると、税務署は「金を両親や祖父母から贈与でもらっていそうだな」と考えますので、贈与税の調査に移行する可能性があります。

第7章

「別居、同居問わず可能」な不動産節税とは

親と別居している場合の実家売却はタイミングが命

親の実家を相続前と相続後のどちらで売却すると得か、考えたことはあるでしょうか。実は、親の実家をどのタイミングで売却するかで税金は数千万円変わります。親が数十年前に少額で購入しているような相続物件を売却して儲けが出ると、高い所得税・住民税がかかるからです。

さらに不動産売却は相続税への影響なども考えなければならないため、売却方法次第で数千万円も税負担が変わります。そこで第7章では、不動産を売却するとどれくらい税金がかかるのか、また親と別居している場合において、三つの事例ごとに相続前と相続後どちらで売却すると得になるかをお伝えします。これで、自分は親の実家を相続前と相続後のどちらで売却したほうが良いかの判断方法が分かります。

①実家が旧耐震基準
②子供がマイホームに住んでいる
③子供が賃貸暮らし

まず、不動産を売却すると税金がどれくらいかかるかを確認しましょう。**不動産を売って儲けが出ると、その儲けである譲渡所得に対して所得税と住民税がかかります。**税率は長年保有している相続物件の場合、一律20%（所得税15%、住民税5%）です。購入してから短期間で売却する場合は短期譲渡所得となり、39%（所得税30%、住民税9%）かかります（なお、簡略化のため復興特別所得税は省略しています）。

仮に親が大昔に5000万円で購入した物件が1億円で売れたのであれば、1億円から5000万円を引いた9500万円が譲渡所得となり、その20%の1900万円が譲渡所得税としてかかります。他にも経費として、

・登記費用
・仲介手数料
・家財処分費用
・取り壊し費用

などを譲渡所得から引くことができますが、全体の金額に対しては微々たる金額にしかなりません。このように親の実家は50～60年前に少額で購入していることが多く、売却額がそのまま課税対象となり、税負担が重くなることが多いのです（図26）。

また、**親の自宅の売却を考えるにあたって相続税がどれくらいかかるかも把握しなければなりません。**第1章のおさらいですが、相続税は亡くなった方の財産が相続税の基礎控除を超えた場合にかかります。財産は不動産だけでなく、預貯金や有価証券、生命保険、過去3～7年以内の相続人への贈与も含まれます。

相続税の基礎控除は、3000万円＋600万円×法定相続人の数で、相続人の人数に応じて変わります。例えば相続人が子供2人であれば、3000万円＋600万円×2人で4200万円です。

▶図 26　不動産にまつわる税金（売却時の税金）

譲渡税の考え方

売却代金 − 取得費 − 売却経費 ＝ 譲渡所得

譲渡所得 ×20%（所得税 15%・住民税 5%）= 譲渡税

※所有期間が、譲渡した年の1月1日において5年以下の場合には、税率は 39%（所得税 30% 住民税 9%）となります。

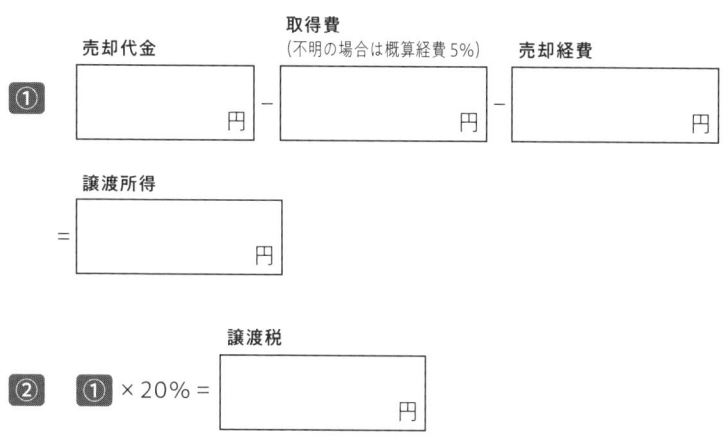

	売却代金		取得費（不明の場合は概算経費 5%）		売却経費
①	円	−	円	−	円

譲渡所得

＝ 　　　　円

譲渡税

② ①×20% ＝ 　　　　円

相続税の税率は最低10～55％となっており、遺産が多ければ高くなるので、相続税は相続人の人数が少ないと高くなりやすい性質があります。同じ遺産1億円でも、相続人が2人いれば770万円で済みますが、相続人1人の場合は1220万円もかかるのです。

では、仮に相続人の子供2人が遺産総額1億円（うち土地の相続税評価額が8000万円、預貯金が2000万円）を所有している母から土地を相続して1億円で売却する場合に、各種特例が使えないとすると税金はどのくらいかかるでしょうか。

・譲渡所得税（および住民税）

1億円－500万円＝9500万円

9500万円×20％＝1900万円

・相続税

1億円－4200万円（基礎控除）＝5800万円

5800万円×1／2＝2900万円

（２９００万円×15％−50万円）×２人＝７７０万円

よって、この家庭が何も対策をせずに不動産を相続して売却すると、合計２６７０万円の税金がかかります。

ここで「相続税評価額と売却価格はどうして値段が違うの？」と思われたかもしれません。実は土地の評価は大きく三つの評価の軸があります。

①時価
②相続税評価額
③固定資産税評価額

時価とは、不動産を売りに出した場合に買ってもらえる金額です。みなさんが普段から触れているのが、この時価です。「あそこの物件がいくらで売りに出されている」という場合は、この時価のことを指しています。

相続税評価額とは、相続税を計算する際に用いる金額です。どのように求めるかというと、国税庁が毎年発表している「路線価」に基づいて計算します。路線価では、道路一本一本に値段が付けられています。

例えば「400D」と書いてあれば、その道路に面した土地は1平方メートルあたり40万円で評価されるということになります。この路線価に土地の面積を乗じることで土地評価の概算額を求めることができますので、是非ご自身の物件でも計算をしてみてください。

固定資産税評価額は、固定資産税を算出するもとになる価格です。建物の相続税評価額は固定資産税評価額がそのまま評価額となります。

なぜ時価と相続税評価額、固定資産税評価額に差が出るかというと、相続税評価額（路線価）は時価の約80／100、固定資産税評価額は時価の約70／100で設定されているからです。これによって一般的に相続税評価額が時価よりも低くなるのです。地価の急変動や譲渡所得税などの不動産の換金コストを踏まえ、相続税の納税者が不利にならないよう、時価よりも低くしているという背景があるようです。

税金計算の仕組みが把握できたら、いよいよ相続前と相続後どちらのタイミングで売却したらいいのかを事例ごとに見ていきます。

相続後でも使える3000万円控除の裏技

一つ目は実家が旧耐震基準の場合です。前提は以下の通りです。

遺産総額は1億円、このうち土地の相続税評価額が8000万円、預貯金が2000万円です。父は既に亡くなっており、仮に母が亡くなると2人の子供が相続人です。ここまでは先ほどの家庭と同じ条件ですが、次から変わります。

子供は独立して別々で生活しており、それぞれ持ち家を持っています。母は今後老人ホームへの入居を検討しているといった状況です。

実家は1981年5月31日以前に建築されていて、売買契約書を紛失しているため、不動産の取得費は不明で、不動産の売却予定価額は1億円です。

この場合は、「相続後に空き家特例3000万円控除を使って売却する」のが得です。

空き家特例とは、相続で引き継いだ物件を、取り壊して更地にしてから売却する場合もしくはリフォームしてから売却する場合には、譲渡所得から3000万円控除していいですよという制度です(図27)。3000万円控除があると税率が20%の場合、所得税等が600万円も得になるのです。

ただし、空き家特例を受けるには次のような要件があります。

- **1981年5月31日以前の旧耐震基準の建物であること**
- **売却額が1億円以下であること**
- **亡くなった方が一人暮らしであったこと**
- **相続してから3年後の年末までに売却すること**
- **老人ホームなどへ転居した場合には、亡くなる直前まで空き家のままで、かついつでも使える状態であり続けること**

この特例の効果が大きいのは相続人1人につき3000万円の控除枠があるという

▶図 27　空き家特例

被相続人が相続開始直前まで、自宅として使用していた不動産を一定期間内に売却した場合は、3,000万円の特別控除が認められます。

本措置のイメージ

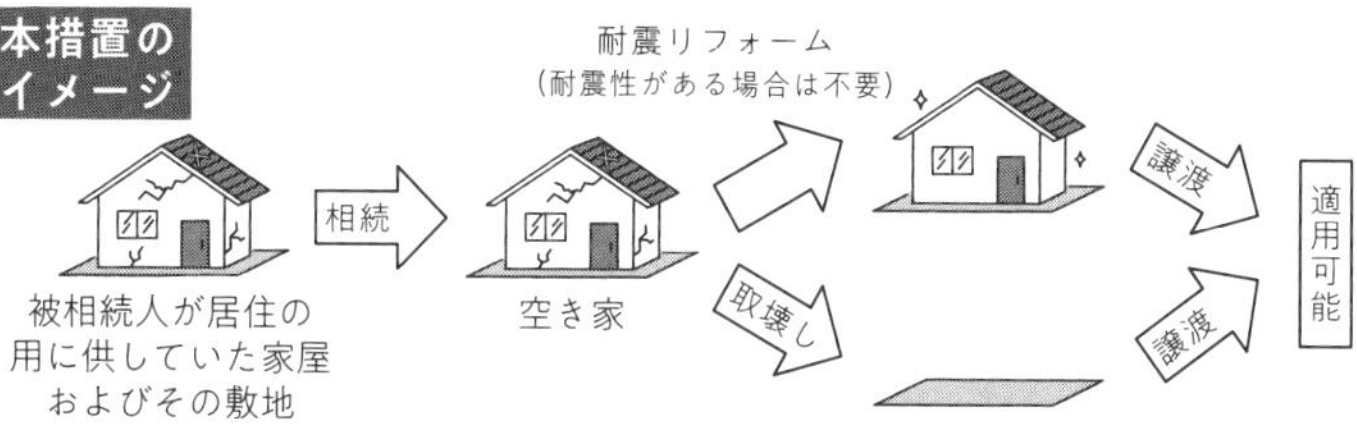

【要件】

- 売却額1億円以下
- 1981年5月31日以前に建築された家屋である
- 被相続人が1人暮らしであったこと

など

国土交通省 https://www.mlit.go.jp/jutakukentiku/house/content/001715179.pdf より作成。
※URLは執筆当時のものです。アクセス不通の問い合わせには対応いたしません。

【前提】

【母の財産状況】

不動産（自宅）
相続税評価額8,000万円
(1億円で売却できると仮定します)
預貯金
相続税評価額2,000万円

【ご家族形態】

- 父は既に他界
- 相続人は子供2人
- 子供達は独立して持ち家があり母と別居している
- 母は今後老人ホームへの入居を考えている
- 自宅は1981年5月31日以前に建築されている
- 不動産の取得費は不明

点です。よって税金が数千万円変わるケースもあるのです。

例えば兄弟2人が相続して売却する場合は、本来それぞれの譲渡所得に対し20％の税金がかかりますが、1人につきそれぞれ3000万円ずつ控除枠があるので、1200万円（3000万円×20％×2人）も節税することも可能です。

ただし相続人が3人以上いるケースにおいて、2024年以降に売却する場合は、改正により控除枠が1人につき2000万円となりますのでご注意ください。

またこの特例は他にも、

- 一定の親族へ売却してはいけない
- 他の特例を受ける場合は、二つ合わせて控除枠は3000万円までが限度となる
- 相続後は空き家のままにしておかなければならない
- 生前老人ホームに入居したとしても、いつでも帰って来られる状態でなければならず、家のライフラインは止めてはいけない
- 一人暮らしの親から相続した分のみに適用される（仮に既に父から先に引き継いだ分がある場合は、その部分には適用できない）

・一定時点までに更地にしておかなければならない

など細かい注意点もあり、これら一つでも見落とすと特例は受けられませんので要注意です。

相続後に売却する場合の計算は次の通りです。

・譲渡所得税（および住民税）

1億円－500万円＝9500万円

9500万円－（3000万円＋3000万円）＝3500万円

3500万円×20％＝700万円

相続税はこの場合770万円となり、合計は1470万円です。よって何も特例が使えない場合の合計額2670万円と比べると、1200万円も得になったことが分かります（283頁参照）。

条件に当てはまるなら実家は今すぐ売却しよう！

二つ目は、子供がマイホームに住んでいる場合です。旧耐震基準の場合と基本的に同様ですが、次から前提が異なります。

実家は1990年に建築されていて、売買契約書を紛失しているため、不動産の取得費は不明で、不動産の売却予定価額は1億円です。

違うポイントは「1990年に実家を建築した」という点です。この場合は相続前と相続後どちらに売却したらいいのでしょうか。

結論、「相続前にマイホーム売却の特例を使って売却する」のが得です。理由は、相続後に売却しても旧耐震基準を満たしておらず、空き家特例が使えないからです。

こうなると相続前に売却するほうがマイホーム売却の特例が受けられ、その分節税となります。

マイホーム売却の特例とは、住んでいる自宅を売るときに使える特例で、次の二つの特典があります。

・**譲渡所得から３０００万円を差し引くことができる**
・**税率が20％から14％（課税譲渡所得が６０００万円の部分まで。超えた部分は20％）に下がる（所有期間が10年を超えるものに限る）**

空き家特例は相続後でないと使えませんが、相続前に売却しても「自宅に住んでいる」もしくは「直近まで住んでいた」のであれば、このようなマイホーム売却の特例を受けることができます。母自身がマイホームを売却するとこの特例の条件を満たします（図28）。

計算は以下のようになります。

▶図 28　居住用財産（マイホーム）譲渡の税金

売却した物件を、居住用として使っていた場合には、譲渡所得から**3,000 万円**を控除することができる（3,000 万円の特別控除の特例）。

所有期間が10年を超える場合には、3,000万円の特別控除に加えて、**軽減税率**で計算することができる。

※課税譲渡所得 6,000 万円以下の部分
→所得税 10% 住民税 4% 6,000 万円超→通常の税率

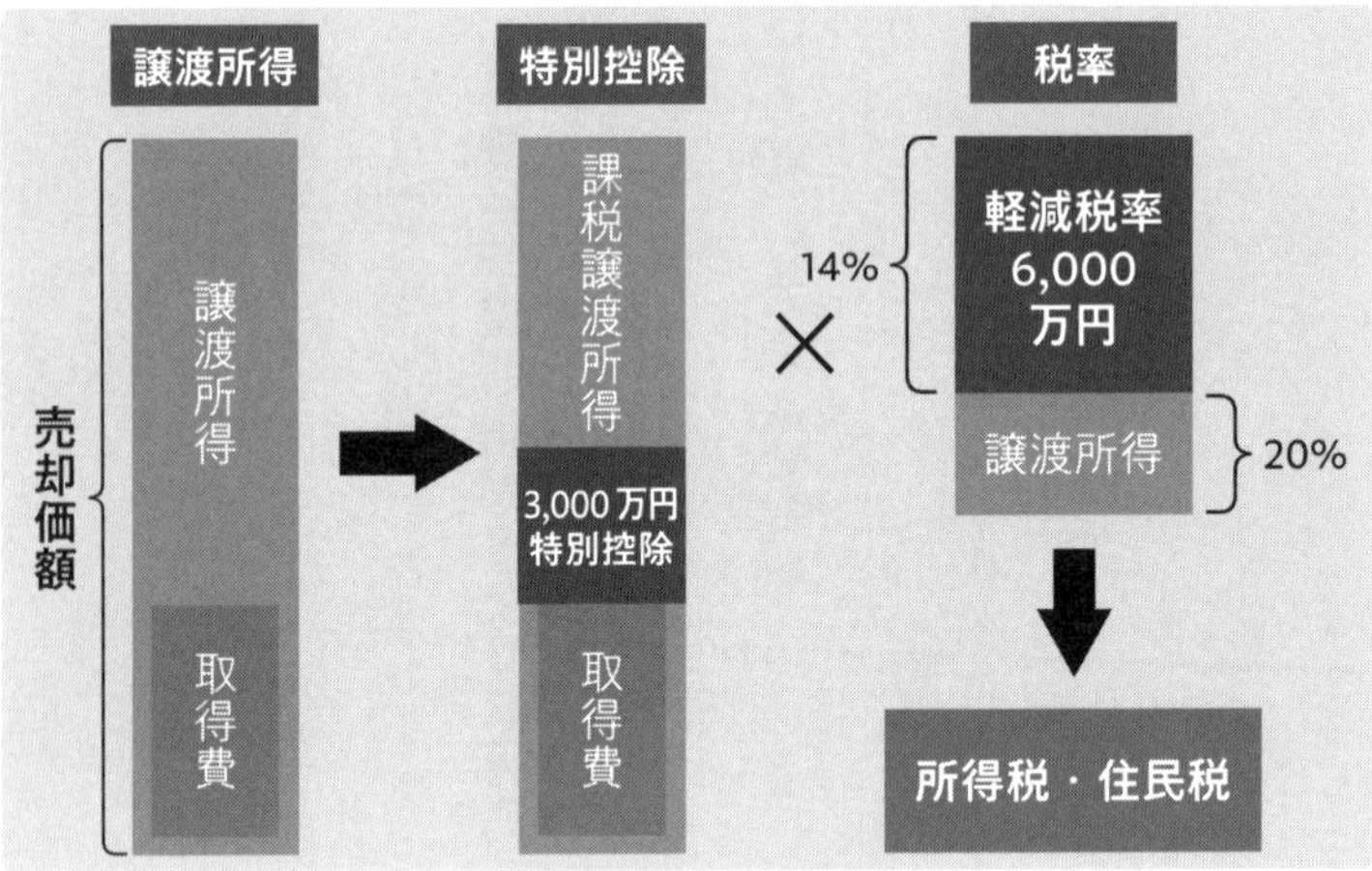

・譲渡所得税（および住民税）

1億円－500万円＝9500万円

9500万円－3000万円＝6500万円

（6500万円－6000万円）×20％＋6000万円×14％＝940万円

・相続税

9060万円（家の売却残金1億円－940万円）＋2000万円（預貯金）＝1億1060万円

1億1060万円－4200万円（基礎控除）＝6860万円

6860万円×1／2＝3430万円

（3430万円×20％－200万円）×2＝972万円

よって譲渡所得税および相続税の合計額は1912万円です。283頁の相続後に売却して特例が使えなかった場合の2670万円と比べると、758万円も節税できます。

相続後でも土地評価が8割引きになる「家なき子特例」

三つ目は子供が賃貸暮らしをしている場合です。また前提は基本変わりませんが、今までとの相違点は、子供はそれぞれ賃貸暮らしをしているという点です。

このケースでは結論、「相続後に売却する」のが得です。理由は、小規模宅地の特例が使えることで相続税が節税できるからです。

小規模宅地の特例とは、親の自宅土地を配偶者か同居親族が引き継ぐと、土地の評価を8割引きにしてもらえる制度です。8000万円の土地であれば、その80%の6400万円も課税対象額が減りますので、大きく節税できます。

基本は配偶者か同居親族が相続することを前提としていますが、なんとこの特例は、賃貸暮らしを3年以上続けている家族が相続した場合も受けることができるのです。この特例は、相続税が高いがために自宅を売却して住む所がなくならないようにするために作られた制度のため、持ち家のない、いわゆる「家なき子」の家族の場合にも同様の取り扱いとなっています。俗に「家なき子特例」などと呼ぶこともあります。相続後に売却すると、以下のようになります。

・譲渡所得税（および住民税）

1億円－5000万円＝9500万円

9500万円×20％＝1900万円

・相続税

8000万円－6400万円＋2000万円＝3600万円

3600万円＜4200万円（基礎控除）

よって相続税は0

つまり、税金は合計1900万円で済みます。相続前にマイホーム売却の特例を使った場合（293頁参照）の1912万円に比べると12万円節税できました。

この通り、前述のケースで家なき子特例を使ってもあまり節税効果はありません。土地の評価や遺産総額が低い場合は、相続税が大きく下がらず、相続前にマイホーム売却の特例を使ったほうが有利となる場合もありますので、事前にシミュレーションすることをおすすめします。


以上、別居のケースにおいて三つの事例をご紹介しました。これらを参考に相続前と相続後のどちらで売却したらいいか、ベストな方法をご検討ください。図29のフロー表も、判断の一助にしてもらえればと思います（ただし、ベストな売却タイミングを保証するものではありませんのでご了承ください）。

お気づきのように、相続前に売却するのか、それとも相続後に売却するのかを判定するのはかなり複雑な判断が必要となるため、ご自身だけで考えるのではなく、一度相続専門の税理士のご提案を受けることもおすすめします。

▶図29　売却タイミングのフロー表

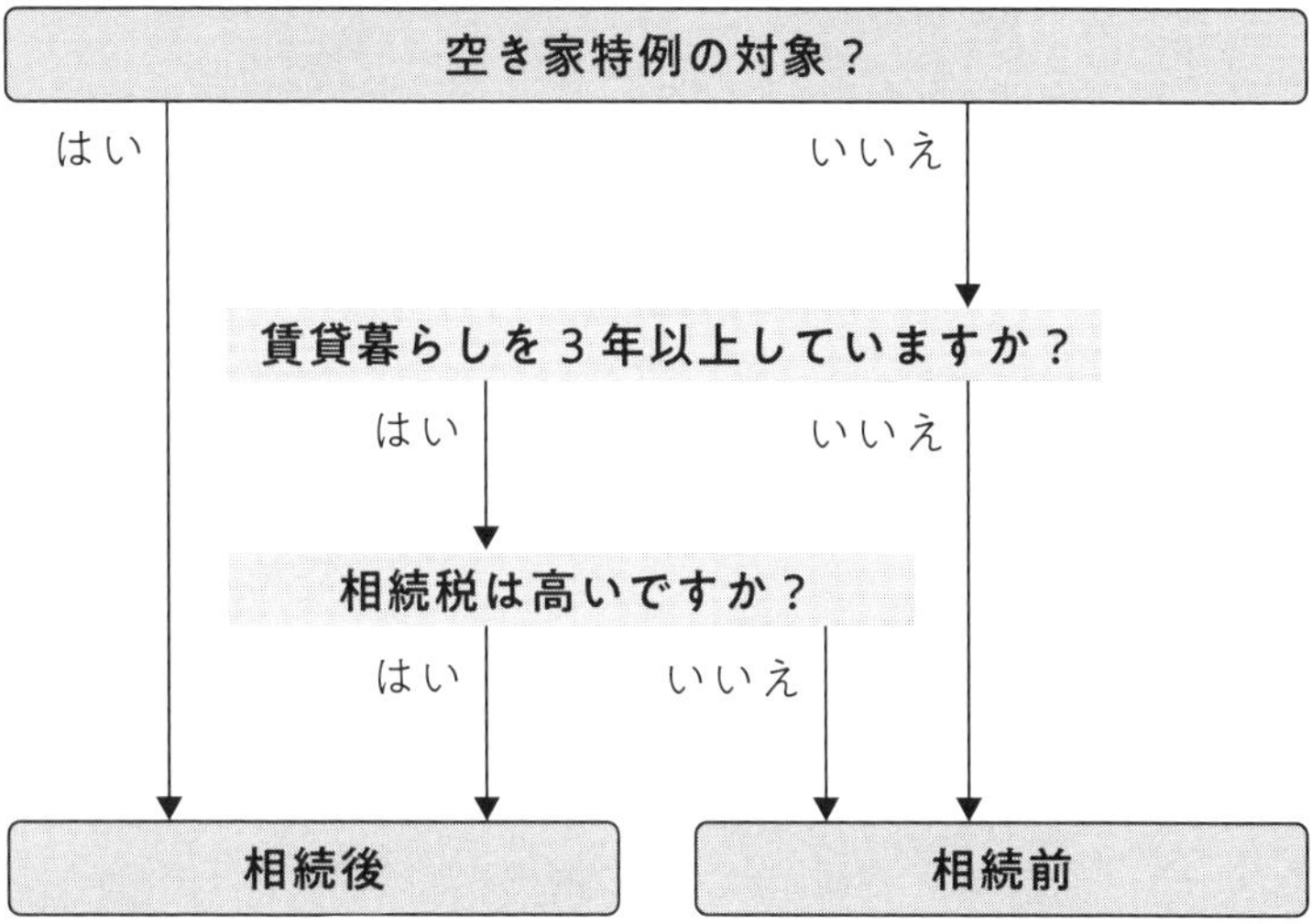

相続後の売却で最も得するパターン

ここまで説明してきませんでしたが、**譲渡所得税や相続税の負担を最も抑えられるのは、「子供が実家に同居しているケース」**です。

このケースでは結論、相続後の売却が圧倒的に得です。理由は、小規模宅地の特例とマイホーム売却の両方を受けられるためです。小規模宅地の特例は、亡くなった方と同居していた方が相続すると適用できます。マイホーム売却の特例は、自宅を売却すると使えますので、実家に住んでいる子供が売却するとこの特例を受けることができます。

今まで見てきた事例において、子供が2人とも同居している場合の税金計算は次のようになります。

・譲渡所得税（および住民税）

1億円－500万円＝9500万円

9500万円－6000万円（3000万円×2人分）＝3500万円

3500万円×14％＝490万円

・相続税

8000万円（お家）－6400万円（小規模宅地の特例）

＋2000万円（預貯金）＝3600万円

3600万円＜4200万円（基礎控除）＝0円

合計490万円となり、このケースが最も税金が抑えられます。

支払った相続税の一部を経費にする裏技

相続税を払って相続した物件を売却する場合は、支払った相続税の一部を経費にできる取得費加算という特例があります。取得費加算は、**亡くなってから3年10か月以内に売却することで使うことができます**（図30）。

先にも述べた通り、相続で取得する物件の場合、取得価額が低くなりがちです。そうするとおのずと譲渡所得税も上がります。この制度は、そのような問題を解消するために設けられています。

ただし、**取得費加算の特例は空き家特例との選択制となっており、どちらか一方の特例しか使えません。**一般的には空き家特例の控除による恩恵のほうが大きいので、空き家特例が使える場合は、取得費加算を使わないことになるでしょう。

▶図30　取得費加算の特例

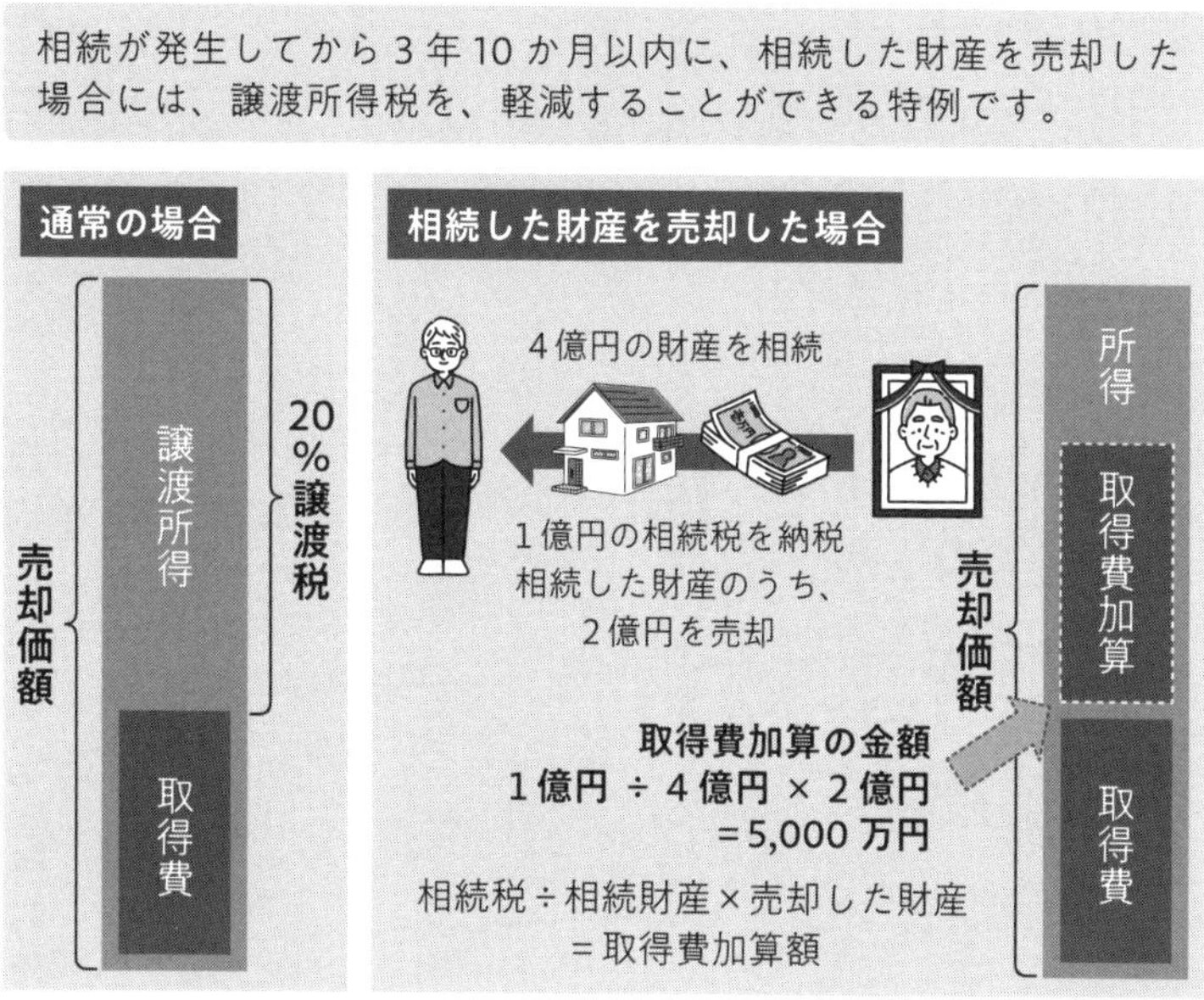

逆に相続税を支払った方で、かつ空き家特例が使えない方にとっては、取得費加算は必ず使ったほうが得になりますので、忘れずに特例を使った上で申告書を提出しましょう。

おわりに――「大増税時代」に備えた相続税対策を

我々は今、相続税が「大増税時代」に突入するという、一大転換期に立っています。相続税は、2015年の大改正を皮切りに、増税の流れが止まることなく続いています。そしてその流れは、2024年から始まった生前贈与が7年分無効となる改正、そしてタワマン節税の封じ込めにより、さらに加速していくことでしょう。

さらに、昨今の円安が引き金となって引き起こされた資産インフレは、実質的に相続税を増税させます。

現在の相続税の基礎控除は「3000万円+600万円×法定相続人の数」であり、また最高税率は55%です。しかし、昭和の時代と比較すると、それでもまだ基礎控除は高く、税率は低いままです。これらを考慮に入れると、今後の動向によっては基礎控除がさらに下がったり、税率が上がったりする可能性もあります。これが実現すれば、相続税の負担は増大し、増税となる可能性もあります。よって、何の対策も講じずにそのままにしておくと、富裕層は一段と厳しい状況に直面することになるのです。

私は年間約40〜50件の相続税の申告を担当しますが、そのうち正しい効果的な相続税対策ができている家庭は全体の10％程にすぎません。多くの人々が、相続税の高額な支払いに直面しているという事実があります。なかには、わずかな工夫をしておけば、相続税が全く発生しなかった方もいます。しかし、一度相続が発生してしまうと、その後で焦ったり、後悔したりしても、既に遅いのです。

将来的に相続で損をしないためには、前もってどのように効果的な相続税対策を計画し、実行していくかが極めて重要となります。

とはいえ、何も難しく考える必要はありません。誰もが簡単に行うことができるいくつかの基本的な対策だけで、大きな違いを生むことができるのです。例えば、本書で紹介した「生命保険の非課税枠」を活用することや、「年間１１０万円の生前贈与」を行うことなどは非常に簡単な方法ですが、これらを実行するだけでも、効果的な対策を行っている家庭10％の中に入ることができるのです！

大増税時代における相続税対策は、円満な相続を実現するために非常に重要です。本書を参考に、適切な対策を講じてください。本書が皆様の役に立てれば幸いです。

相続のお金の残し方「裏」教科書
専門税理士が限界ギリギリまで教える
“99%節税できて100%モメない”方法

2024年 6 月10日　初版発行

著者／大田　貴広

発行者／山下　直久

発行／株式会社KADOKAWA
〒102-8177　東京都千代田区富士見2-13-3
電話　0570-002-301（ナビダイヤル）

印刷所／TOPPAN株式会社

製本所／TOPPAN株式会社

●お問い合わせ
https://www.kadokawa.co.jp/（「お問い合わせ」へお進みください）
※内容によっては、お答えできない場合があります。
※サポートは日本国内のみとさせていただきます。
※Japanese text only

定価はカバーに表示してあります。

ISBN 978-4-04-606546-9　C0034